高等职业教育铁道运输类新形态一体化系列教材

列车运行控制系统设备维护

李　伟　冯　博◎主　编
李海燕　王　灏　崔宏光◎副主编
谢培新◎主　审

中国铁道出版社有限公司
2024年·北　京

内容简介

本书为高等职业教育铁道运输类新形态一体化系列教材之一。本书以培养工学结合型、应用型人才为出发点，以列车运行控制系统为主线，系统、完整地介绍了列车运行控制系统涉及的各种知识技能。全书采用项目—任务式编排方式，共三个项目，包括 CTCS-0/CTCS-1 级列车运行控制系统认知、CTCS-2 级列车运行控制系统维护和 CTCS-3 级列车运行控制系统维护。

本书主要作为高等职业教育铁道信号自动控制、高速铁路综合维修技术等专业教材，也可供现场工程技术人员和铁道信号设备维护人员学习参考。

图书在版编目(CIP)数据

列车运行控制系统设备维护 / 李伟，冯博主编. 北京 ：中国铁道出版社有限公司，2024. 12 --（高等职业教育铁道运输类新形态一体化系列教材）. -- ISBN 978-7-113-31594-8

Ⅰ. U284.48

中国国家版本馆 CIP 数据核字第 2024J44A18 号

书　　名：列车运行控制系统设备维护
作　　者：李　伟　冯　博

策　　划：陈美玲
责任编辑：吕继函　石华琨　**编辑部电话**：(010)51873205　**电子邮箱**：312705696@qq.com
封面设计：刘　莎
责任校对：安海燕
责任印制：高春晓

出版发行：中国铁道出版社有限公司(100054，北京市西城区右安门西街 8 号)
网　　址：https://www.tdpress.com
印　　刷：河北京平诚乾印刷有限公司
版　　次：2024 年 12 月第 1 版　2024 年 12 月第 1 次印刷
开　　本：787 mm×1 092 mm　1/16　**印张**：10.5　**字数**：251 千
书　　号：ISBN 978-7-113-31594-8
定　　价：38.00 元

前言

随着我国铁路，尤其高速铁路的迅速发展，作为列车提速的关键技术——列车运行控制技术，取得了长足的进步，如何培养适应行业发展的高素质技术技能人才是当前面临的突出问题。

这些年来，在"互联网+"背景下，新技术、新材料、新设备、新工艺和新标准不断投入使用。生产一线急需熟练掌握专业技能、在关键岗位发挥骨干作用的技术技能型人才，这就迫切需要适应新形势需求、更加契合本专业特色的教材。作为职业教育院校，培养具有创新精神与实践能力的高素质人才是我们的根本目标和特色所在。

本书共分为三个项目，即 CTCS-0/CTCS-1 级列车运行自动控制系统认知、CTCS-2 级列车运行自动控制系统维护、CTCS-3 级列车运行自动控制系统维护，包含 8 个任务。全书紧扣职业教育的特点，采用项目—任务式编排方式，每个项目里包含若干个任务，每个任务里又包括任务关联知识、任务实施、若干个学习活动及相应的活动评价标准、任务评价等模块，对列车运行自动控制系统的维护工作进行了较全面的描述。

本书由石家庄铁路职业技术学院李伟、冯博任主编，石家庄铁路职业技术学院李海燕、中国铁路北京局集团有限公司北京西电务段王灏、石家庄铁路职业技术学院崔宏光任副主编，北京全路通信信号研究设计院集团有限公司谢培新任主审。其中李海燕、王灏编写了项目一；石家庄铁路职业技术学院王玉彩、李静娇、崔宏光编写了项目二；李伟、冯博编写了项目三。

虽然编写团队在教材编写过程中进行了精心的设计和凝练，但限于水平，书中难免存在不足和疏漏之处，敬请读者批评指正，以便修订完善。

编　者

2024 年 5 月

目 录

项目一
CTCS-0/CTCS-1 级列车运行控制系统认知

知识导图

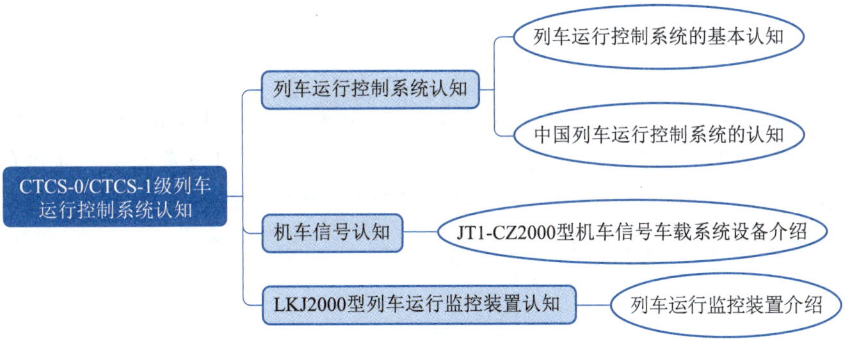

学习目标

知识目标

1. 掌握列车运行控制系统的发展历程。
2. 掌握 JT1-CZ2000 型机车信号车载系统设备的基本构成和工作原理。
3. 掌握 LKJ2000 型列车运行监控装置的基本构成、工作原理、检修作业标准。

能力目标

1. 能够认识国内列车运行控制系统的发展历程。
2. 能够认识 JT1-CZ2000 型机车信号车载系统设备。
3. 能够认识 LKJ2000 型列车运行监控装置。

素质目标

1. 具备分析问题和解决问题的能力。

2. 具有精益求精的工匠精神。
3. 具有吃苦耐劳、勇于创新的精神。
4. 善于与人沟通和交流，具有团队协作意识，善于总结经验。

项目描述

如果我们把铁路比作人的话，那么列车运行控制系统就相当于人的神经系统。列车在铁路上运行需要遵循一定的规则，首先需要知道列车的位置和线路的情况。列车运行控制系统就像神经末梢一样感知列车的位置、线路的状态，并将其传输给大脑，再由大脑综合这些信息，形成新的指令传达给列车，对列车进行控制，形成了一个神经回路。本项目将带领大家认识列车运行控制系统、机车信号及列车运行监控装置有关知识。

任务一　列车运行控制系统认知

【任务导入】

随着列车速度和运行密度的不断提高，在电气、电子信息及自动化技术推动下，列车运行控制技术不断增强和完善，自动化程度不断提高。列车运行控制技术也在一次次的故障分析中不断寻求技术方法的升级，以逐渐完善系统的功能、性能，推动列车运行控制技术不断发展，保证运行安全，提高运输效率。

【任务目标】

1. 认识列车运行控制系统的发展历程。
2. 认识中国列车运行控制系统(CTCS)。

【任务实施】——列车运行控制系统发展阶段识别

列车运行控制系统也可简称为列控系统，是保证列车安全、快速运行的系统，其主要作用是完成列车的间隔控制和速度控制。列车运行控制系统经历了六个发展阶段，查阅资料，请对图 1-1-1 中内容进行补充。

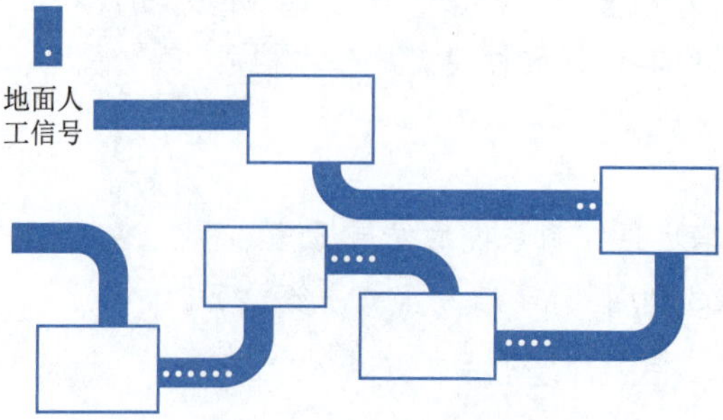

图 1-1-1　列控系统发展历程

ETCS 分为三级，查阅相关资料，填写表 1-1-1 各级系统的特征。

表 1-1-1　ETCS 系统特征

ETCS	1 级	2 级	3 级
自动列车防护			
闭塞			
已有信号设备			
司机室显示			
车—地通信方式			
列车位置检测			
其他			

请同学们查阅相关资料，填写图 1-1-2 CTCS 结构中缺失的部分。

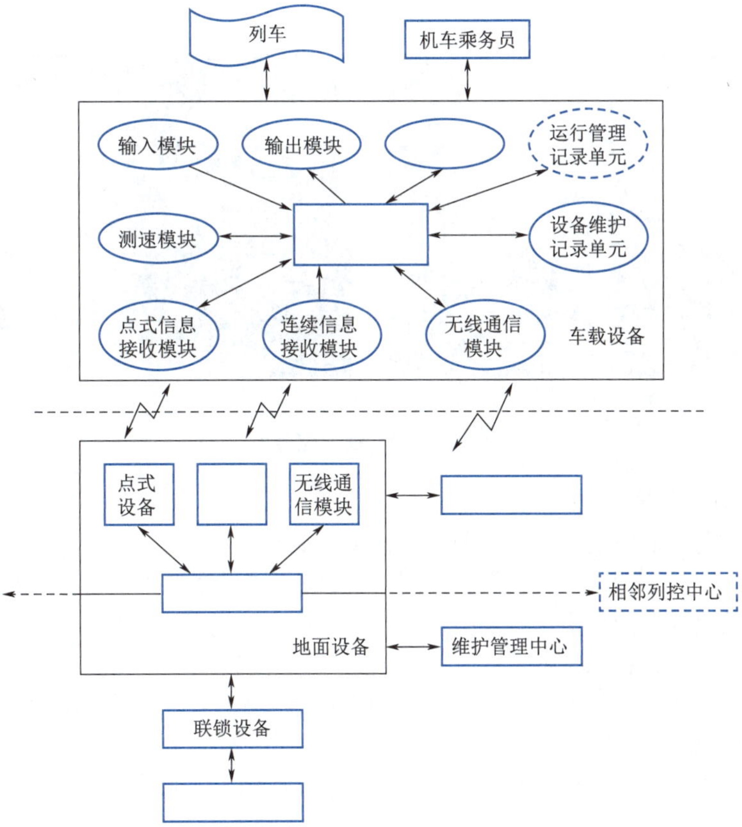

图 1-1-2　CTCS 结构

【任务关联知识】——列车运行控制系统介绍

(一)列车运行控制系统的基本认知

1. 地面自动信号

19 世纪 70 年代发明了轨道电路，利用轨道电路检查列车占用轨道的状态信息以控制信号显示。只有当线路空闲时信号开放，才是安全的。地面信号显示仅仅指明列车前方线路状态，列车完全由司机驾驶，安全掌握在司机手里，如图 1-1-3 所示。

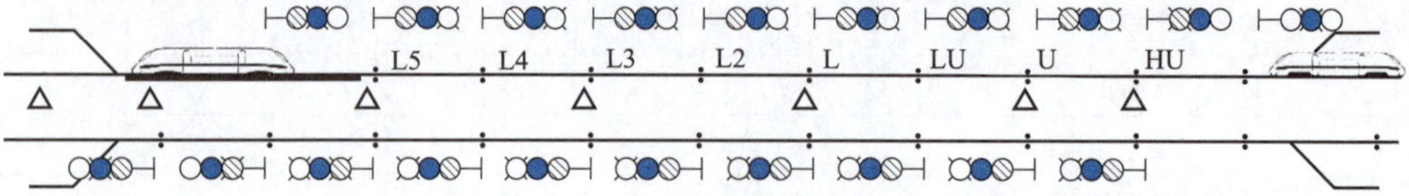

图 1-1-3　地面自动信号示意

2. 机车信号

地面信号显示受到自然环境的影响及地形的限制，司机往往不能在规定的距离内及时瞭望前方信号机的信号显示，因而有冒进信号的危险。为将前方所接近的信号机的显示情况及时通告司机，发明了机车信号设备，将地面信号通过技术手段引入司机室，改善瞭望条件。

已经发展到主体化的机车信号，司机行车以机车信号为主，地面信号为辅，如图 1-1-4 所示。

（a）地面信号　　（b）机车信号

图 1-1-4　铁路信号

3. 列车自动停车装置

当列车运行前方地面信号显示红灯，机车信号显示禁止信号时，在司机室内构成音响报警，司机在规定的时间内通过按压警惕按钮做出反应。如果司机失去警惕、精神不集中，未按压报警按钮和采取有效制动措施，当报警时间超过规定时间后，自动停车装置将打开列车制动系统内的放风阀，强迫列车自动停车。列车自动停车装置的使用有效地消除了因司机失去警惕而造成的列车冒进信号事故。但是由于列车自动停车装置存在警惕按钮，司机在不清醒状态下，若通过习惯性地按压警惕按钮仍会使列车自动停车装置不起作用，另外，列车自动停车装置功能简单，使用中并未能与列车运行中的速度控制发生联系，不能有效地控制列车运行速度。

4. 列车运行监控装置(LKJ)

列车运行监控装置可以监控列车运行速度，在司机欠清醒或失控的情况下，对列车实施紧急制动，同时起到“黑匣子”的作用，记录列车运行、机车运用及司机操作。LKJ 装置构成的超速防护地面数据是预先存储在机车上的，随着列车运行按列车坐标提取。《铁路技术管理规程(普速铁路部分)》第 101 条规定：“最高运行速度不超过 160 km/h 的机车，机车信号设备与列车运行监控装置(LKJ)结合使用，轨道车等自轮运转特种设备使用轨道车运行控制设备(GYK)。”

5. 列车超速防护系统(automatic train protection,ATP)

列车超速防护系统指列车能根据自身的运行速度和前方列车位置及线路状态对采取制动操作的时机做出逻辑判断,对列车运行速度进行实时控制的技术。安装 ATP 装置的机车上设有信息接收器,当列车运行速度超过 ATP 装置指示的速度时,ATP 的车上设备就发出制动命令,使列车自动制动。当列车速度降至 ATP 所指示的速度以下时,便自动缓解,而运行操作仍由司机完成。

(二)中国列车运行控制系统的认知

中国列车运行控制系统(chinese train control system,CTCS)是我国高速铁路保证列车行车安全、提高列车运行效率的重要技术装备,以有效的技术手段对列车运行速度、运行间隔进行实时监控和超速防护,同时能够减轻司机劳动强度、改善工作条件、提高旅客舒适度。

1. CTCS 标准的产生

列车超速防护系统是各国普遍采用的安全技术设备。经过研究、开发,我国已经具备了非常成熟且先进的 CTCS。

为满足高速铁路建设需求,结合我国铁路大提速的成功经验,我国已构建了具有自主知识产权的列控系统标准。

2. CTCS 的分级

CTCS 是在保证列车安全运行前提下,以分级形式满足不同线路运输需求的列车运行控制系统(以下可简称为“列控系统”)。CTCS 根据功能需求和设备配置划分为 CTCS-0 级、CTCS-1 级、CTCS-2 级、CTCS-3 级和 CTCS-4 级五个级别。

CTCS-0 级列控系统由通用式机车信号和列车运行监控装置组成,为既有系统。

CTCS-1 级列控系统由主体化机车信号、安全型列车运行监控装置和点式应答器组成,点式信息作为连续信息的补充,可实现点连式超速防护功能。

CTCS-2 级列控系统是基于轨道电路和点式应答器传输控车信息并采用车地一体化设计的列控系统。

CTCS-3 级列控系统是基于无线传输信息,并采用轨道电路等方式检查列车占用的列控系统。

CTCS-4 级列控系统则是完全基于无线传输信息的列控系统。

CTCS 各级列控系统基本特征见表 1-1-2。

表 1-1-2　CTCS 各级基本特征

基本特征	CTCS-0 级	CTCS-1 级	CTCS-2 级	CTCS-3 级	CTCS-4 级
运行速度	120 km/h 以下	160 km/h 以下	200～250 km/h	300～350 km/h	300～350 km/h
地面设备组成	轨道电路	轨道电路、应答器及 LEU	列控中心、轨道电路、应答器及 LEU	无线闭塞中心(RBC)、列控中心、GSM-R 地面设备、轨道电路、应答器及 LEU	无线闭塞中心(RBC)、GSM-R 地面设备
车载设备组成	通用机车信号、LKJ	主体机车信号、安全型 LKJ、应答器信息接收模块	ATP、LKJ	ATP、GSM-R 接收模板	ATP、GSM-R 接收模板

续上表

基本特征	CTCS-0 级	CTCS-1 级	CTCS-2 级	CTCS-3 级	CTCS-4 级
列车定位	车载测距	车载测距和应答器校准	车载测距和应答器校准	车载测距和应答器校准	车载测距和应答器校准
控制模式	阶梯速度曲线	目标—距离连续速度控制模式曲线	目标—距离连续速度控制模式曲线	目标—距离连续速度控制模式曲线	目标—距离连续速度控制模式曲线
车—地信息传输	轨道电路	轨道电路	轨道电路＋点式设备	无线双向信息传输	无线双向信息传输
轨道占用检查	轨道电路	轨道电路	轨道电路	轨道电路等	GPS、卫星定位等
线路数据来源	车载数据存储芯片	车载数据存储芯片	应答器提供	无线闭塞中心(RBC)提供	无线闭塞中心(RBC)提供
闭塞方式	自动闭塞/半自动闭塞	自动闭塞/半自动闭塞	正向：自动闭塞；反向：自动站间闭塞	正向：自动闭塞；反向：自动站间闭塞	自动闭塞或移动闭塞
联锁方式	6502 电气集中/计算机联锁	6502 电气集中/计算机联锁	计算机联锁	计算机联锁	计算机联锁
调度指挥	TDCS/CTC	TDCS/CTC	CTC	CTC	CTC

3. CTCS 的应用

120 km/h 以下线路可采用 CTCS-0 级列控系统，普速铁路大部分既有铁路均以地面信号机作为指挥列车的行车凭证，利用联锁和自动闭塞设备，配合车载“机车信号＋监控装置”构成 CTCS-0 级，作为行车安全的辅助设备。加上司机的人工介入，CTCS-0 级可以满足 120 km/h 以下线路的使用要求。由于地面提供的信息不足，CTCS-0 级不得不采用司机人工介入的方式，一旦司机操作失误，仍存在严重的不安全因素，随着列车的提速、延长交路，问题的严重性日益明显，亟须地面补充相关信息，以减少人工介入，消除安全隐患。

2007 年第六次大提速，既有线 200 km/h 提速改造采用 CTCS-2 级列控系统。CTCS-2 级列控系统是基于轨道电路加应答器传输列车运行信息的点连式系统，是采用目标距离连续速度控制模式曲线监控列车安全运行的列车运行控制系统，其基本原则是在既有自动闭塞系统上叠加列控系统，既满足动车组车载设备对地面信息的要求，又保证既有自动闭塞维持不变，兼容既有机车运行控制的使用。

CTCS-2 级列控系统具有与列车运行监控装置 LKJ 的接口，当列车超速防护系统正常工作时，由 ATP 控车，当地面设备不满足 CTCS-2 级条件或列车超速防护设备故障时，CTCS-2 级可降级为 CTCS-0 级，由 LKJ 控车。

200～250 km/h 高速铁路采用 CTCS-2 级列控系统。当然，用于高速铁路的 CTCS-2 级和既有线的 CTCS-2 级列控系统有所区别，它们的列控中心功能有所不同，前者将轨道电路纳入控制，并取消了站内电码化。

京津城际铁路运行速度为 300～350 km/h，其列控系统基于轨道电路实现列车占用及空闲检查，由应答器和轨道电路传输行车许可等信息，并采用目标—距离连续速度控制模式曲线监控列车安全运行，实现 CTCS-2 级列控系统功能，命名为“CTCS-3D 级列车运行控制系统”（简称“CTCS-3D 列控系统”）。CTCS-3D 级地面子系统兼容 CTCS-2 级功能，满足既有线 200～250 km/h 动车组上线运行的要求。

300～350 km/h 高速铁路采用 CTCS-3 级列控系统，CTCS-3 级列控系统是我国铁路技术体系和装备现代化的重要组成部分，是保证高速列车运行安全、可靠、高效的核心技术之一。CTCS-3 级列控系统是基于 GSM-R 无线通信实现车—地信息双向传输、无线闭塞中心生成行车许可的列控系统。CTCS-2 级作为 CTCS-3 级的后备系统，在无线闭塞中心或无线通信故障时，由 CTCS-2 级列控系统控制列车运行。

4. CTCS 的构成

CTCS 可通过轨道电路信息、应答器信息及列车自身参数接收各种速度信号，经车载安全计算机生成一次目标距离连续速度控制模式曲线。CTCS 构成如图 1-1-5 所示。

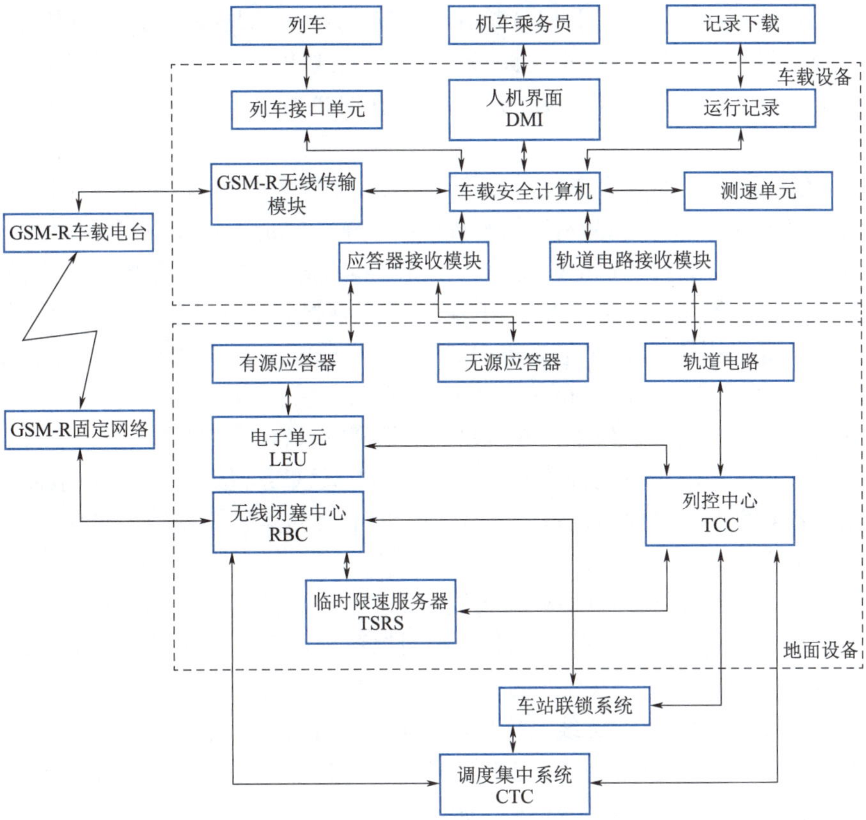

图 1-1-5　CTCS 构成示意

CTCS 地面设备包括临时限速服务器（TSRS）、列控中心（TCC）、无线闭塞中心（RBC）、轨道电路、应答器，以及 GSM-R 无线车—地传输通道等，CTCS 车载设备包括轨道电路接收模块、应答器接收模块、GSM-R 无线传输模块、车载安全计算机、测速单元、DMI 人机界面、列车接口单元和运行记录等。

列控中心接收调度集中系统指挥命令、车站联锁系统进路信息及临时限速服务器信息，生成对轨道电路的编码条件和有源应答器实时数据（报文），并送向机车，同时无源应答器也将线路参数、允许速度、列车定位等固定信息送向列车。

无线闭塞中心通过信号安全数据网等传输网络接收调度集中系统、车站联锁系统、临时限速服务器等的信息，生成行车许可，通过 GSM-R 网络以无线传输方式送向机车。

车载安全计算机通过轨道电路接收模块、应答器接收模块和 GSM-R 无线传输模块接收地面信息。

目标距离可通过轨道电路信息码提供的前方闭塞分区空闲数和应答器提供的闭塞分区数获得。进路参数和线路允许速度也由应答器提供。车载安全计算机通过接收到的各种信息及列车自身参数生成目标距离连续速度控制模式曲线。车载测速单元实时给出列车实际运行速度，当列车实际运行速度低于目标距离速度控制模式曲线规定的允许速度时，车载设备不干预司机工作，当列车实际运行速度超过列车允许速度时，车载安全计算机通过列车接口单元对列车实施常用制动或紧急制动。

DMI 可输入司机号、车次号等信息，并向司机显示列车运行时的目标速度、目标距离、列车允许速度和列车实际走行速度等信息，保证列车安全高速运行。

在图 1-1-5 中，对于既有线 CTCS-0 级和 CTCS-1 级区段，地面设备不设列控中心和无线闭塞中心，由联锁条件直接构成轨道电路编码。地面信息被轨道电路接收线圈接收后，一方面构成机车信号显示，同时送向 LKJ 参与控车，此时的列控设备主要由机车信号和 LKJ 构成。

CTCS-2 级区段，在图 1-1-5 中地面设备不设无线闭塞中心和 GSM-R 无线网络。列控中心是 CTCS-2 级列控系统的核心设备，该列控系统是基于轨道电路和应答器传输列车运行信息的点连式系统。系统通过轨道电路完成列车占用和完整性检查，通过轨道电路信息向列车提供距目标点的前方闭塞分区空闲数量，并采用点式应答器向列车提供闭塞分区长度、进路参数、线路参数、定位、限速和停车信息等，采用一次目标距离连续速度控制模式曲线监控列车运行，主要用在速度 200～250 km/h 的高速铁路上。

运行在 CTCS-2 级区段的列车上的车载安全计算机只含有 CTCS-2 级控制单元。此外，运行在 CTCS-2 级区段的车载设备还装设有 LKJ。当 CTCS-2 级列控系统有故障，信息缺失或运行到未装备 CTCS-2 级地面设备的既有线区段时，通过人工转换或通过应答器自动转换到 CTCS-1 级或 CTCS-0 级使用。

CTCS-3 级列控系统是基于 GSM-R 无线通信实现车—地信息传输的机控优先的先进列车运行控制系统。无线闭塞中心是 CTCS-3 级列控系统地面核心设备。目前 CTCS-3 级列控系统被安装在速度 300～350 km/h 的动车组列车及线路上。

在 CTCS-3 级列控系统中，无线闭塞中心接收调度集中系统信息、车站联锁系统信息及临时限速服务器信息，同时列控中心将轨道电路占用等信息也通过车站联锁系统传送给无线闭塞中心。信息接收后，由无线闭塞中心生成行车许可并通过 GSM-R 无线网络传送到被控制列车的车载设备上。车载设备通过 GSM-R 无线传输模块接收信息并送到车载安全计算机进行运算，同时由地面无源应答器提供的线路参数、列车定位、过分相级间转换等信息也送入车载安全计算机参与运算，经运算后，系统生成一次目标距离连续速度控制模式曲线，对列车运行间隔、运行速度实时监控，防止列车超速运行。

GSM-R 无线传输模块是 CTCS-3 级列控系统的专用模块。运行在 CTCS-3 级区段的车载安全计算机同时包含 CTCS-3 级控制单元和 CTCS-2 级控制单元，两个控制单元独立设置、共同运行。CTCS-2 级专用模块（轨道电路接收模块）故障不影响 CTCS-3 级的运行，CTCS-3 级专用模块（GSM-R 无线传输模块）故障不影响 CTCS-2 级的运行。平时使用 CTCS-3 级列控系统，当无线闭塞中心或 GSM-R 无线传输模块故障时，CTCS-3 级列控系统转由后备CTCS-2级列控系统控制列车运行。

正如CTCS-2级列控系统在运用中特殊情况可降至CTCS-1级或CTCS-0级使用，CTCS-3级列控系统特殊情况也可降至CTCS-2级使用。需说明的是，在CTCS-3级列控系统中，CTCS-3级和CTCS-2同时处于工作状态，CTCS-2级系统时刻作为CTCS-3级的后备系统。

以上充分说明，CTCS不仅具有完备的超速防护功能，同时也具有向下级的转换功能。

【任务评价】

<table>
<tr><td colspan="2">项目名称</td><td></td><td>任务名称</td><td></td></tr>
<tr><td colspan="2">小组成员</td><td></td><td>综合评分</td><td></td></tr>
<tr><td rowspan="4">学生自评</td><td colspan="4">理论任务完成情况</td></tr>
<tr><td>序号</td><td>知识考核点</td><td>自评意见</td><td>自评结果</td></tr>
<tr><td>1</td><td>列控系统发展历程认知</td><td></td><td></td></tr>
<tr><td>2</td><td>CTCS认知</td><td></td><td></td></tr>
<tr><td>学习小组评价</td><td colspan="4">学习效率□ 信息获取能力□ 交流沟通能力□
（根据完成任务情况填写：A优秀；B良好；C合格；D有待改进）</td></tr>
<tr><td>教师评价</td><td colspan="4"></td></tr>
</table>

【练习与思考】

1. 简述我国列车运行控制系统的发展情况。

2. 什么是CTCS？如何分级？比较各级CTCS的异同？

任务二　机车信号认知

【任务导入】

机车信号车载系统设备是保障铁路行车安全，提高列车运行效率的重要设备之一。自20世纪80年代起，机车信号就在我国铁路迅速普及，当列车运行速度超过200 km/h时，司机确认地面信号已不可能，只能凭机车信号显示行车。目前，机车信号已从辅助信号转为主体信号。

本任务以JT1-CZ2000型机车信号车载系统设备为载体，学习其基本结构、工作原理等相关内容。

【任务目标】

1. 认识JT1-CZ2000型一体化机车信号车载系统设备的基本构成。
2. 熟悉JT1-CZ2000型一体化机车信号车载系统设备的工作原理。

【任务实施】——机车信号车载系统识别

查阅资料，对图1-2-1中所示部件进行标注。

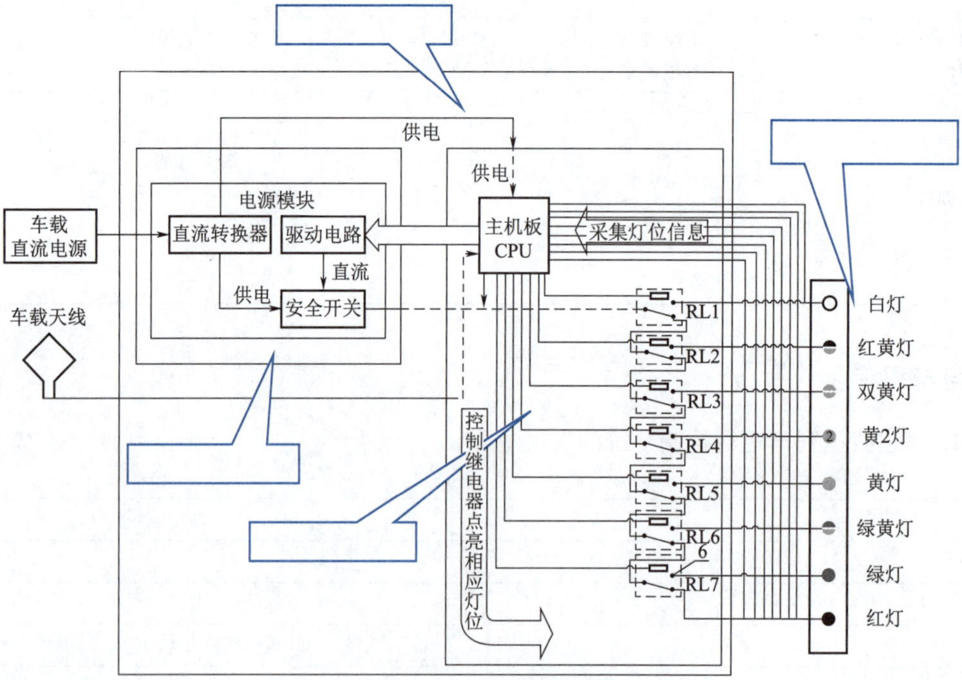

图1-2-1　机车信号车载系统结构示意图

【任务关联知识】——JT1-CZ2000型机车信号车载系统设备介绍

JT1-CZ2000型机车信号车载系统设备（以下简称“设备”）由以下几部分构成：机车信号主机（以下简称“主机”）、机车信号记录器（位于机车信号主机箱中，以下简称“记录器”）、机车信号机、机车信号双路接收线圈、机车信号远程监测装置(选配,以下简称“DTU”)等。图 1-2-2 为车载系统设备双端安装构成框图,实线部分为本设备的部件。单端安装时,Ⅱ端接收线圈和信号机不用安装,Ⅰ/Ⅱ端信号可直接将Ⅰ端信号线接+110 V,使设备保持为Ⅰ端工作。JT1-CZ2000 型机车信号车载系统设备,通过对安装在机车第一轮对前面的接收线圈,接收钢轨信号进行处理、解调、译码,得到机车信号信息,把信息输出到机车信号机上,指导司机行车,同时把机车信号信息输出到监控装置作为控车基本条件。机车信号记录板可对机车信号运行状态及地面信息进行记录,并通过地面处理系统对机车信号运行过程中采集的有关动态信息进行读取分析。

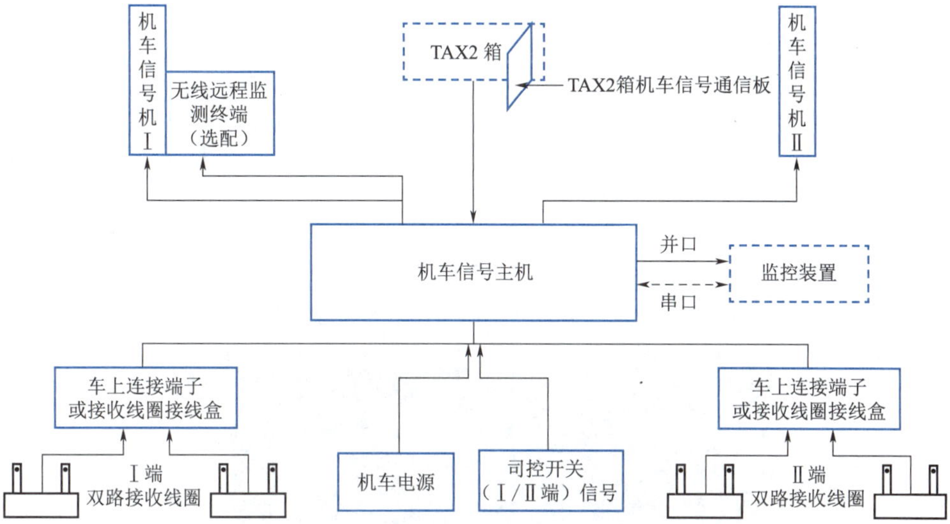

图 1-2-2　车载系统设备构成框图(双端安装)

(一)机车信号主机

1. 机车信号主机构成

主机尺寸统一为(单位:mm):长×宽×高为(335±1)×(283±1)×(221±1);质量约为 10 kg。

JT1-CZ2000 型机车信号主机采用合体式六槽机箱结构,从左向右设有记录板、主机板 A、主机板 B、连接板及电源 1 板和电源 2 板。主机前面板示意如图 1-2-3 所示。

(1)主机板(图 1-2-4)

主机板 A 和主机板 B 结构相同,构成双套电路。正常工作时,两块板一起处于工作状态,另一块板处于热备状态。面板上设有上行和下行指示灯。机车上行方向运行接收上行载频频对时,上行表示灯亮灯;机车下行方向运行接收下行载频频对时,下行表示灯亮灯。测试时也可扳动设于机车信号机构下部的上下行开关,根据其位置接通主机板上的上行表示灯或下行表示灯。

(2)电源板(图 1-2-5)

电源板 1 和电源板 2 均设有 50 V、50 VD 和 110 V 指示灯。主机工作电源正常供电时,50 V 灯亮。动态控制点灯电源正常供电时,50 VD 灯亮。110 V 机车电源正常时,110 V 灯亮。在电源板 1 上还设有Ⅰ端、Ⅱ端按钮及表示灯,通过Ⅰ端或Ⅱ端按钮按压可完成机车Ⅰ端和Ⅱ端接收线圈的切换。

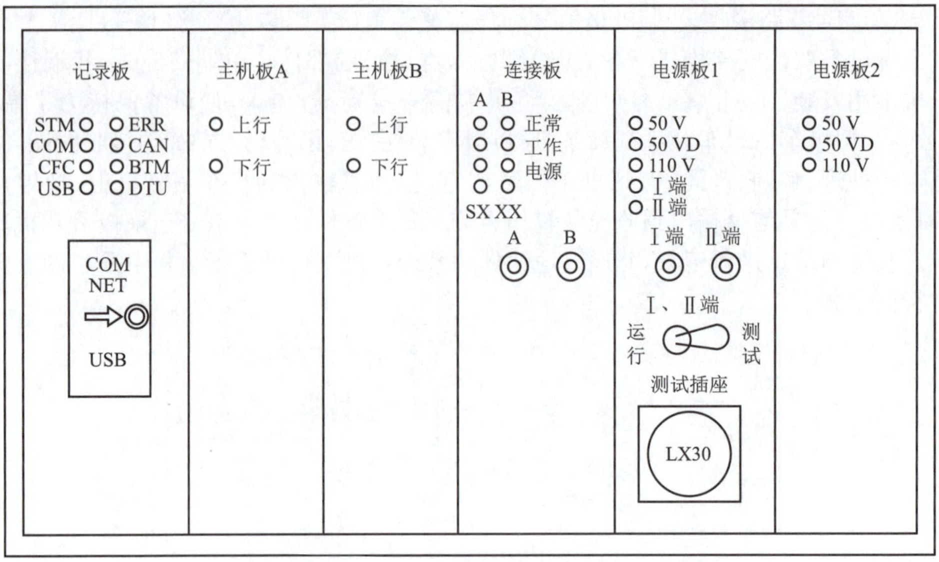

图 1-2-3 主机箱前面板示意图

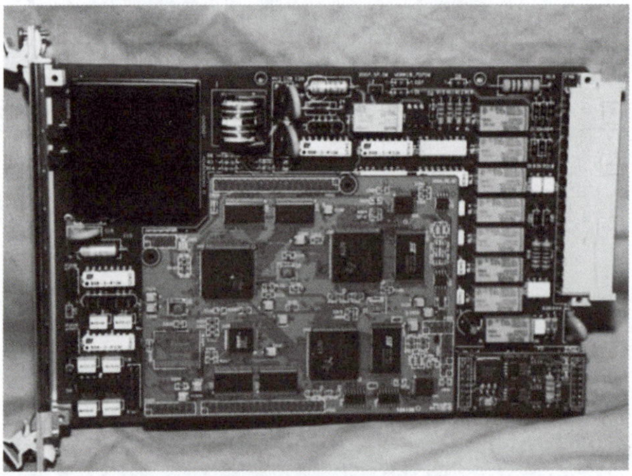

图 1-2-4 主机板

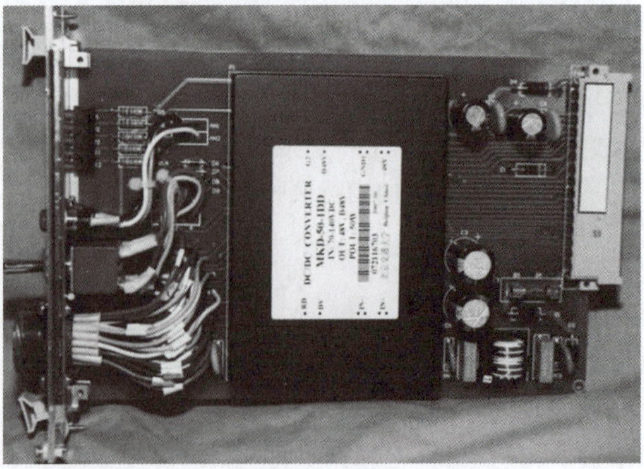

图 1-2-5 电源板

(3)连接板(图 1-2-6)

连接板主要实现电源的分配,主机 A 和主机 B 的自动或人工切换及对主机、电源及上下行工作状态的监督等。主机 A 和主机 B 均工作正常时,两个正常表示灯均亮灯。主机 A 处于工作状态,主机 B 处于热备状态时,主机 A 工作表示灯亮,B 工作表示灯灭。正常工作接通电源后,主机 A 和主机 B 哪个处于工作站状态,哪个处于热备状态是随机的。也可通过设于连接板上的 A 机和 B 机按钮人工切换主机 A、主机 B 的在线状态。

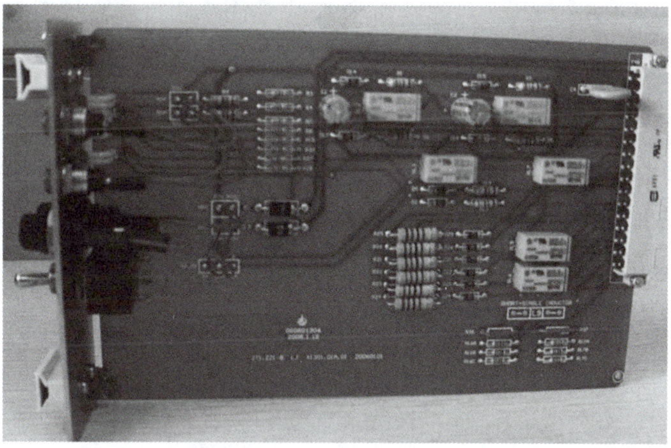

图 1-2-6　连接板

(4)记录板

记录板中插有能实时记录机车运行过程中各种动态信息的大容量标准闪存卡(compact flash,CF 卡)和用于完成信息转录的 USB 插口。以大容量 CF 卡作为记录介质的记录器能真实地反映机车信号动态运行中的各种状态变化,对机车信号相关信息进行全面的实时记录。

2. 机车信号主机主要功能

JT1-CZ2000 型机车信号主机处理、解调和译码轨面上传送的机车信号信息,根据译码结果控制机车信号点灯,同时将译码结果输出给列车运行监控装置或列车超速防护设备作为控车的基本条件。JT1-CZ2000 型机车信号主机还可通过具有 USB 输出的记录器对机车信号的运行状态、地面信息及监控装置、TAX2 箱输出的列车定位等信息进行实时记录,同时还配有远程监测功能接口,可通过无线通信向地面处理系统实时传送机车信号车载信息及部分列车运行信息,实现对机车信号的动态监测和故障诊断。

3. 机车信号主机安全性与可靠性

JT1-CZ2000 型机车信号安全性和可靠性主要依据是二取二原理或双套热备原理。

(1)"二取二"原理:系统中有两台计算机同时工作,两台计算机的输出结果必须完全一致系统才能输出,否则认为故障,必须导向安全侧。

(2)"双套热备"原理:指 JT1-CZ2000 型机车信号车载系统的主要部件机车信号主机、电源和接收线圈均设置为双套,共同构成了车载系统主要设备的双套热备,并由主机完成双套热备输出的切换。

4. 机车信号主机信号记录器

机车信号记录器的主要功能是完成机车信号运行过程中动态信息的数据采集和存储,实时反映机车信号动态运动中的状态变化，对机车信号相关信息进行全面记录。记录器记录的信息通过U盘转储后经地面数据处理系统进行再现，为机车信号地面系统和车载系统的工作状态分析和故障查找提供重要依据。

机车信号记录器由车载部分和地面数据处理两部分构成。车载部分的主要功能是对机车信号运行过程中的有关动态信息进行采集，并应用大容量CF卡作为记录介质进行记录。地面数据处理部分的主要功能是将车载记录器CF卡内的信息通过具有USB接口的CF卡读卡器、U盘、进行读取、转换、显示、回放和分析，以文本及图形方式展示界面，并提供自动统计、分析、列表、打印输出等功能。

(二)双路接收线圈

双路接收线圈安装于机车转向架前端，通过与钢轨的电磁耦合接收钢轨上的信号，然后传送给机车信号主机。接收线圈又称为传感器，是机车信号车载设备的接收器件。

接收线圈是利用电磁耦合原理保持地面信号设备与车载设备间的信息联系，其原理是当地面轨道电路电流在钢轨中流通时，围绕钢轨产生交变磁通，磁通穿过接收线圈铁芯，使绕在铁芯上的线圈感应出电动势，即产生与轨面电流相同的信号电流。感应出的信号电流经机车信号主机放大译码后，动作机车信号车载设备。

JTI-CZ2000型机车信号采用JT1.JS-Ⅱ型双路接收线圈，如图1-2-7所示。当一路线圈、线圈电缆、插接件等故障时，另一路接收线圈仍可维持系统正常工作，从而提高了系统的可靠性。接收线圈中一路存在故障时，主机通过自动切换控制电路，把对应正常接收线圈的主机转为工作机。

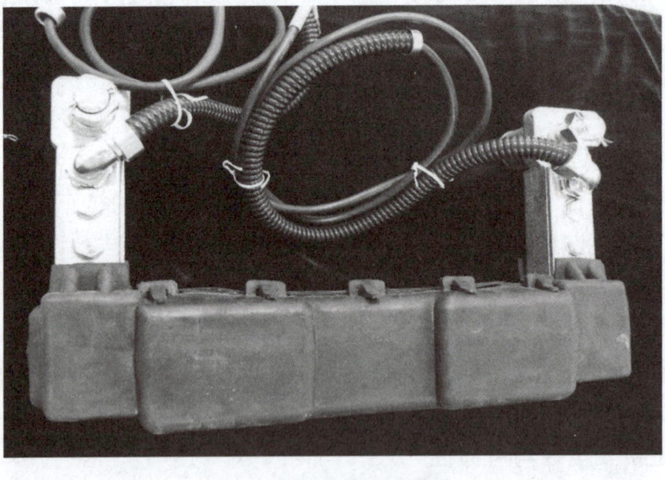

图1-2-7　双路接收线圈

(三)机车信号机

JT1-CZ2000型机车信号机可选用两种类型。一种为J·XS-8型双面八显示机车信号机，另一种为双面点阵式机车信号机。现多采用J·XS-8型双面八显示机车信号机。

传统的机车信号机是基于色灯显示信息的。每个显示器中对应8个灯泡，通过灯泡前面的有色玻璃片区分灯光。灯泡功率从5 W到8 W不等。在长期使用中，灯泡显示的不断转换及列车运行中出现的振动都会导致灯泡中的灯丝断丝，影响机车信号的正常工作。

特别是新的机车信号定义标准中又出现了闪光显示，电流的不断通断极易造成灯丝断丝。因此，传统的用灯泡产生光源的机车信号机无法满足将作为行车凭证的机车信号机的基本要求。

J·XS-8 型双面八显示机车信号机外形如图 1-2-8 所示。与 JT1-CZ2000 型机车信号车载系统设备配套设计的 J·XS-8 型双面八显示机车信号机采用 LED 作为发光体，克服了传统的机车信号机的缺陷。这种信号机不仅耗电量小，而且使用寿命长、可靠性高。该显示器经过严格的电磁兼容试验，包括 2 000 V 浪涌试验均能长时间稳定可靠地工作。

图 1-2-8　J·XS-8 型双面八显示机车信号机

【任务评价】

<table>
<tr><td colspan="2">项目名称</td><td></td><td>任务名称</td><td></td></tr>
<tr><td colspan="2">小组成员</td><td></td><td>综合评分</td><td></td></tr>
<tr><td rowspan="4">学生自评</td><td colspan="4">理论任务完成情况</td></tr>
<tr><td>序号</td><td>知识考核点</td><td>自评意见</td><td>自评结果</td></tr>
<tr><td>1</td><td>机车信号基本构成</td><td></td><td></td></tr>
<tr><td>2</td><td>机车信号工作原理</td><td></td><td></td></tr>
<tr><td>学习小组评价</td><td colspan="4">学习效率□　信息获取能力□　交流沟通能力□
（根据完成任务情况填写：A 优秀；B 良好；C 合格；D 有待改进）</td></tr>
<tr><td>教师评价</td><td colspan="4"></td></tr>
</table>

【练习与思考】

1. 简述机车信号的用途。

____

____

2. 什么是"二取二"？JT1-C2000型机车信号车载系统设备是如何实现的？

任务三　LKJ2000型列车运行监控装置认知

【任务导入】

随着铁路列车运行速度的不断提高及行车密度的进一步加大，完全靠人工瞭望、人工驾驶列车已经不能保证行车安全了，即使装备了机车信号和自动停车装置，也只能在列车一般速度运行条件下保证安全，无法实现高速列车的安全运行保证，因此，需要列控系统实现对列车间隔和速度的自动控制，进一步提高运输效率，保证行车安全。这种情况下，列车运行监控装置就应运而生。

【任务目标】

1. 掌握LKJ2000型列车运行监控装置的基本构成、工作原理、检修作业标准。
2. 熟悉铁路电务车载车间检修作业程序及相关规范标准。

【任务实施】——LKJ识别

查阅资料，对图1-3-1中所示部件进行标注。

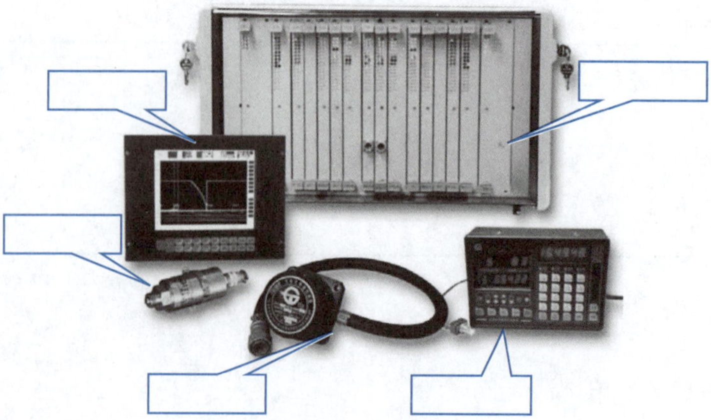

图1-3-1　LKJ2000系统构成图

【任务关联知识】——列车运行监控装置介绍

列车运行监控装置简称监控装置，是我国铁路研制的以保障列车运行安全为主要目的的列车速度控制装置。该装置在实现安全速度控制的同时，采集记录与列车安全运行有关的各种机车运行状态信息，促进机车运行管理的自动化。

监控装置以轨道电路及机车信号作为列车运行指令信息源，以预置于主机的方式获取运行线路参数信息，采用计算机智能处理对列车运行速度进行安全监控。

我国监控装置的研究开发从 20 世纪 90 年代开始，1995 年起形成全路普及的规模，主要使用的监控装置为 LKJ-93 型和 K-2H 型。LKJ2000 型监控装置吸取了两者的成熟技术，在技术等级、功能、性能和可靠性等方面都有了较大程度的提高，并且在功能扩展和与各项发展中的技术设备的接口方面做了适应设计，是新一代监控装置。

LKJ2000 型监控装置主要由主机、屏幕显示器、事故状态记录器、速度传感器、压力传感器、机车鸣笛记录接口装置等组成，如图 1-3-2 所示。

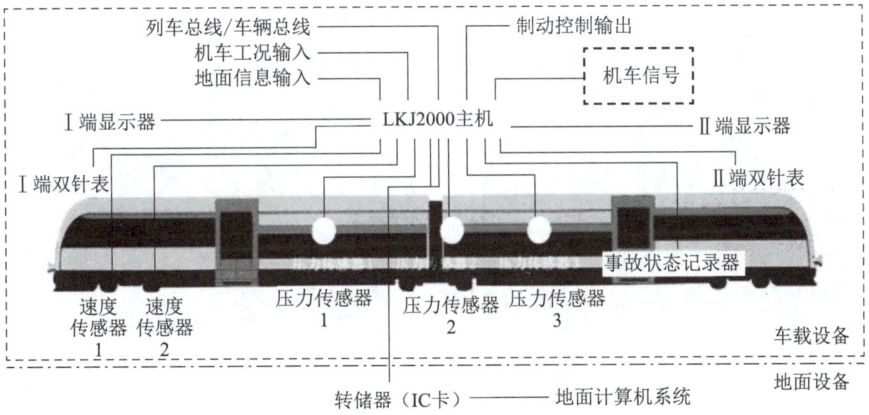

图 1-3-2　LKJ2000 型监控装置构成框图

（一）主机箱

主机箱为装置的控制中心，其内部由 A、B 两组完全相同的控制单元组成，每组有 8 个插件位置（包括一个预留位置），各插件位置以机箱中心线为基准对称排列，从中心线开始往左、右，各插件排列顺序依次为：监控记录、地面信息处理、通信、模拟量输入/输出、预留、数字量输入、数字量输出、电源。各插件之间采用 VME 标准总线母板连接。机箱采用背板对外出线方式，所有输入/输出信号均通过机箱背部连接器引出，在背板内侧装有过压抑制板，如图 1-3-3 所示。

（二）屏幕显示器

屏幕显示器是监督装置的重要组成部分，是监控装置的图形终端设备，是直接和司机交流信息的人机界面，主要完成人机对话和系统信息显示，其界面如图 1-3-4 所示。

屏幕显示器可以显示实际速度、限制速度曲线，以及线路状态信息（如线路、隧道、桥梁、坡度、弯道）等。

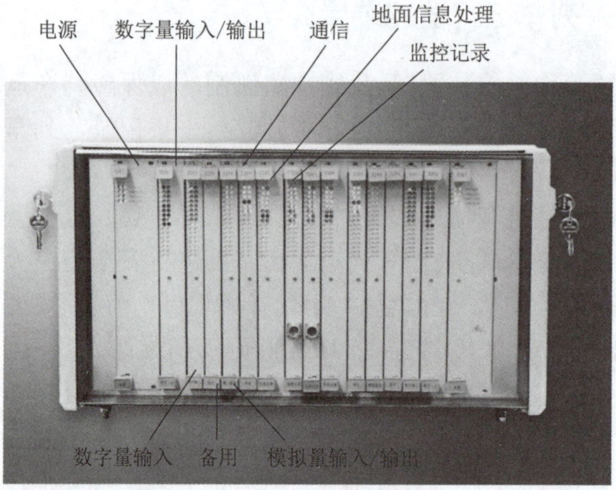

图 1-3-3 LKJ2000 系统主机

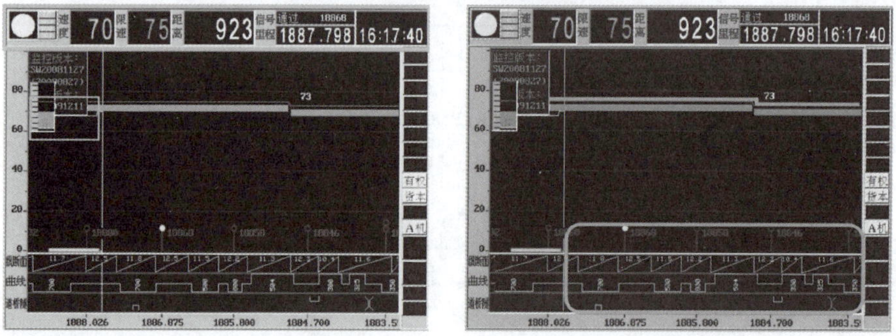

（a） （b）

图 1-3-4 LKJ2000 型监控装置屏幕显示界面

屏幕显示器具体能显示如下信息：

(1)日期和时间。

(2)机车信号信息。

(3)列车运行速度与限速。

(4)前方目标信号机的类别、编号。

(5)距前方信号机的距离。

(6)机车所在位置的里程坐标。

(7)监控状态和列车制动状态。

(8)列车最近走过的不少于 1 km 以内的运行速度值轨迹曲线。

(三)事故状态记录器

事故状态记录器即是列车运行的黑匣子，它用于记录事故前列车运行的状态，以便为运行事故的事后分析提供可靠的数据，如图 1-3-5 所示。为获得满意的运行状态过程轨迹，记录器必须在列车运行每 5 min 左右保存所有需记录的数据，并保存事故前 30 min 的数据。

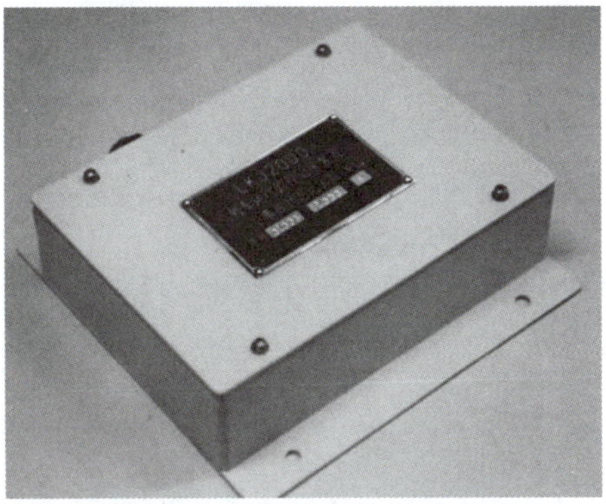

图 1-3-5 LKJ2000 型列车运行监控装置事故状态记录器

【任务评价】

<table>
<tr><td colspan="2">项目名称</td><td></td><td>任务名称</td><td></td></tr>
<tr><td colspan="2">小组成员</td><td></td><td>综合评分</td><td></td></tr>
<tr><td rowspan="3">学生自评</td><td colspan="4">理论任务完成情况</td></tr>
<tr><td>序号</td><td>知识考核点</td><td>自评意见</td><td>自评结果</td></tr>
<tr><td>1</td><td>列车运行监控装置工作原理</td><td></td><td></td></tr>
<tr><td>学习小组评价</td><td colspan="4">学习效率□ 信息获取能力□ 交流沟通能力□
（根据完成任务情况填写：A 优秀；B 良好；C 合格；D 有待改进）</td></tr>
<tr><td>教师评价</td><td colspan="4"></td></tr>
</table>

【练习与思考】

1. LKJ2000 型列车运行监控装置由哪些部分构成？各起什么作用？

____

____

2. 监控主机箱由哪些插件组成？各起什么作用？

____

____

项目二 CTCS-2 级列车运行控制系统维护

知识导图

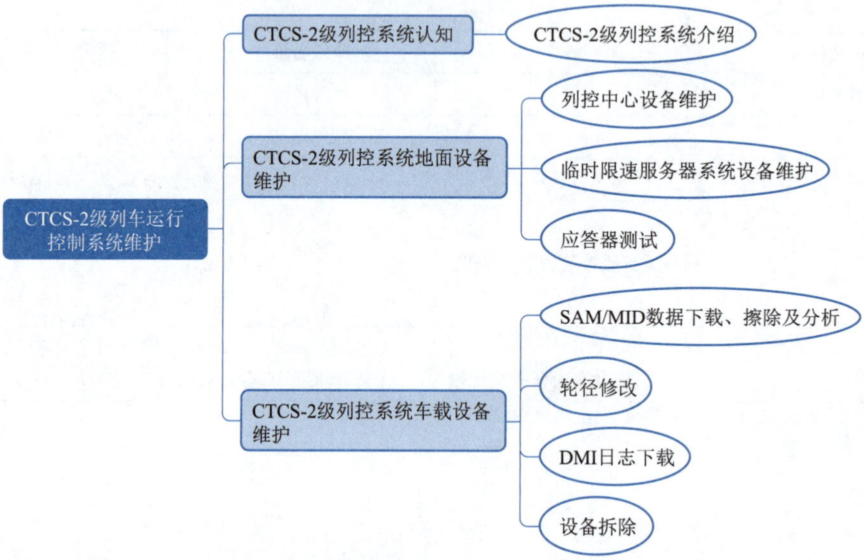

学习目标

知识目标

1. 掌握 CTCS-2 级列控系统的组成、结构和工作原理。
2. 掌握列控中心、临时限速服务器和应答器的维护要点。
3. 掌握 CTCS2-200C 车载设备的维护要点。

能力目标

1. 能够对 CTCS-2 级列控系统地面设备典型故障进行维护。
2. 能够对 CTCS-2 级列控系统车载设备典型故障进行维护。
3. 具备铁路现场安全意识。

素质目标

1. 具备分析问题和解决问题的能力。
2. 具有精益求精的工匠精神。
3. 具有吃苦耐劳、勇于创新的精神。
4. 善于与人沟通和交流，具有团队协作意识，善于总结经验。

项目描述

在传统认知中，列车司机通过肉眼辨识并理解地面信号机所显示的信息来控制列车运行。但是，当列车速度过快时，这种人工瞭望和驾驶就不能保证行车安全了。举个例子，当列车速度达到 200 km/h 以上时，制动距离通常会达到 2～3 km 及以上，肉眼将不能及时发现前方的紧急情况，易发生事故。因此，在高速铁路中，装备列控系统的必要性尤为突显。从 2008 年合宁高速铁路开始，在 200～250 km/h 的高速铁路上，CTCS-2 级列控系统得到广泛采用。

任务一　CTCS-2 级列控系统认知

【任务导入】

CTCS-2 级列控系统面向提速干线和时速为 200 km 及以下的新线，采用车—地一体化设计，适用于各种限速区段，地面可不设通过信号机，机车乘务员凭车载信号行车，是一种点连式列控系统，功能比较齐全且适合国情。

【任务目标】

1. 掌握 CTCS-2 级列控系统的组成和结构。
2. 掌握 CTCS-2 级列控系统的工作原理。

【任务实施】——系统认知

查阅资料，对图 2-1-1 中所示部件进行标注。

【任务关联知识】——CTCS-2 级列控系统介绍

CTCS-2 级列控系统是基于轨道电路加点式应答器传输列车运行许可信息并采用目标距离连续速度控制模式监控列车安全运行的列车运行控制系统，包括车载设备和地面设备。

地面设备由轨道电路、车站电码化设备传输连续列控信息，由点式应答器、车站列控中心传输点式列控信息，如定位信息、进路参数、线路参数、限速和停车信息等。

车载设备连续信息接收模块完成轨道电路信息的接收与处理。点式信息接收模块完成点式信息的接收与处理。测速模块实时检测列车运行速度并计算列车走行距离。设备维护记录单元对接收信息、系统状态和控制动作进行记录。车载安全计算机对列车运行控制信息

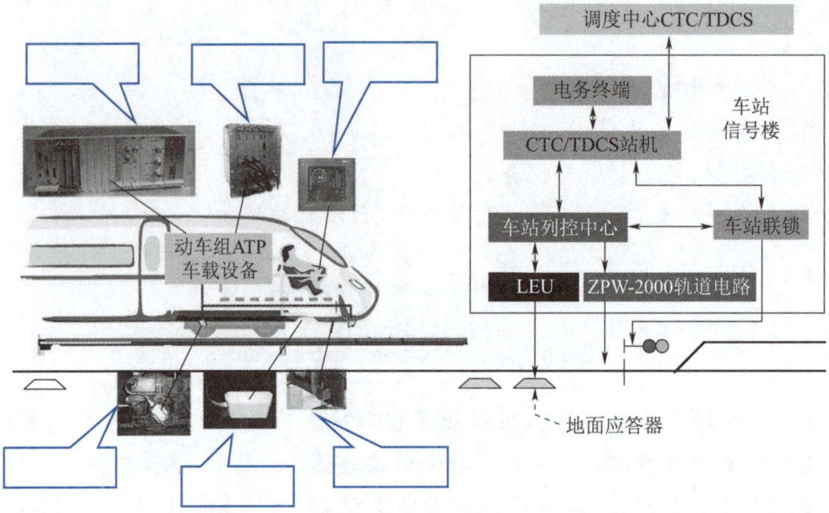

图 2-1-1　CTCS-2 级列控系统结构图

进行综合处理，生成目标距离连续速度控制模式曲线，控制列车按命令运行。人机接口车载设备与机车乘务员交互的接口。运行管理记录单元记录与运行管理相关的数据，规范机车乘务员驾驶。预留无线通信接口。

动车组车载设备根据地面提供的信号动态信息、线路静态参数、临时限速信息及有关动车组数据，生成控制速度和目标距离连续速度控制模式曲线，控制列车运行，实现一次连续式制动方式。同时，运行管理记录单元对列控系统有关数据及操作状态信息实时动态记录。

CTCS-2 级列控系统适用于区间 ZPW-2000 系列自动闭塞(包括 UM 系列)、车站计算机联锁或 6502 电气集中、行车指挥 CTC 或 TDCS(原 DMIS)。

(一)CTCS-2 级列控系统组成和结构

1. 车载设备

列控车载设备由车载安全计算机(VC)、轨道电路信息接收单元(STM)、应答器信息接收单元(BTM)、列车接口单元(TIU)、记录单元(DRU)、人机界面(DMI)、速度传感器、轨道电路信息接收天线、应答器信息接收天线等部件组成。

(1)车载安全计算机(VC)

车载安全计算机是 ATP 的核心。VC 基于两个处理器的实时比较达到 SIL4 级，为了提高系统可用性采用了第三个处理器。基于两个不同应用处理器同时执行应用软件，并采用故障—安全检测器对这些处理器的输出进行比较。如果输出相同，检测器给出相关输出；若存在任何差异，检测器将输出设置为限制状态。

(2)轨道电路信息接收单元(STM)

STM 用于接收 ZPW-2000 系列轨道电路等传统移频轨道电路的信息，并及时将地面轨道电路信息传输给 VC 和 LKJ2000 型列车运行监控装置。STM 是安全模块。

(3)应答器信息接收单元(BTM)

应答器信息接收单元通过 BTM 天线接收、解调地面应答器的报文信息，并在校核后将正确的信息传输给 VC 模块。一个 BTM 包含电源板、接收板、传输板和接口板四个部分。

BTM 是一个采用二取二技术的故障—安全模块;应答器具有提供精确定位的功能。

(4)列车接口单元(TIU)

ATP 车载设备与动车组的接口均为继电接口,不同型号的动车组与不同型号的 ATP 车载设备均采用统一接口。

①ATP 车载设备向动车组的输出:紧急制动、三种等级的常用制动和卸载(紧急制动和最大常用制动均采用失电制动方式)。

②动车组向 ATP 车载设备的输入:牵引位、制动位、零位、向前位、向后位、司机操作端等。

③动车组向 ATP 车载设备提供直流 110 V 电源,电压波动范围 DC 77～137.5 V。

(5)运行管理记录单元(DRU)

ATP 车载设备配备了内部记录器,主要用于设备状态和故障信息及各种事件(包括司机对 ATP 设备的操作、轨道电路信息、ATP 与机车的信息交换等)的记录。维修人员可通过专用电脑或 IC 卡等进行数据下载。

(6)人机界面(DMI)

DMI 是周围配置了扬声器和各种按键的 10 英寸 LCD 液晶显示器,安装在驾驶台上,其作用是通时按键、声音、文字和图像实现司机与 ATP 车上装置的信息交互。DMI 的安全等级为 SIL2 级。

(7)速度传感器

ATP 车载设备的测速系统要求配置两套速度传感器。速度传感器需安装于不同的轴端,可以为机车及其他车载设备提供速度通道。VC 通过对该频率的计数来了解列车速度和辅助确定列车距离位置。

(8)轨道电路信息接收天线

STM 天线安装于前端梁下,左右轨道的正上方,利用电磁感应接收流经钢轨的信号电流,传送到设置在 ATP 主机柜的 STM。STM 对该信号进行选择和解调。

(9)应答器信息接收天线

BTM 天线接收地面应答器所发出的高频无线电信号,并通过专用的电缆将该信号传递给设置在 ATP 本体上的 BTM。

(10)列车运行监控装置 LKJ

当动车组运行在 CTCS-0/1 区段或在 CTCS-2 区段,ATP 因故障被隔离后,由 LKJ2000 控制列车运行。因机车上取消了传统的通用式机车信号设备,需要 ATP 通过 RS-422 接口向 LKJ2000 提供控制所需的机车信号信息和应答器信息。控车权的转换以 ATP 车载设备为主(控制切换继电器由 ATP 控制)。在 LKJ 控车时,ATP 的 DMI 上显示机车信号和列车实际运行速度。

2. 地面设备

列控地面设备由 ZPW-2000(UM)系列轨道电路、车站电码化、应答器和车站列控中心(包括地面电子单元 LEU)等设备组成。车站列控中心具备与车站联锁系统、TDCS/CTC、信号集中监测等系统的接口。

(二)CTCS-2 级列控系统工作原理

CTCS-2 级列控系统由轨道电路实现列车占用检测及完整性检查,并连续向列车传输控制信息，包括行车许可、空闲闭塞分区数量和道岔限速等；由应答器传输点式信息，包括线路长度、线路坡度、线路固定限速、列车定位、列车进路、临时限速信息等，其基本结构及车载设备基本结构分别如图 2-1-2 和图 2-1-3 所示。

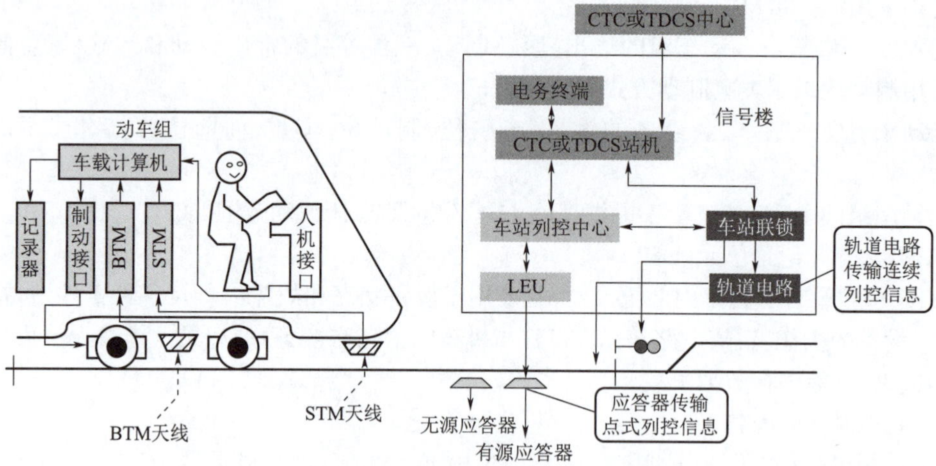

图 2-1-2　CTCS-2 级列控系统基本结构

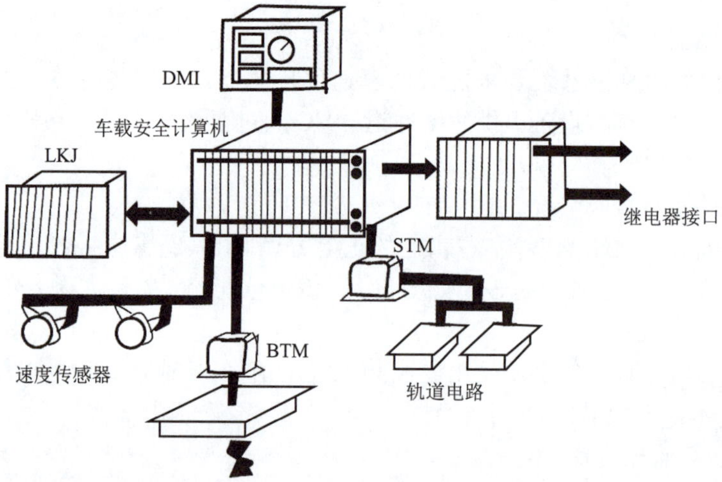

图 2-1-3　CTCS-2 级列控车载设备基本结构

CTCS-2 级采用目标—距离连续速度控制模式（又称为连续式一次速度控制），根据目标距离、目标速度及列车本身性能确定列车制动曲线，不设定每个分区速度等级，采用一次制动方式。

1. 车站列控中心

车站列控中心与 CTC 或 TDCS 站机连接获取临时限速命令，与车站联锁连接获得列车进路信息。按照行车计划选择合适时机将临时限速信息和进路信息发送到 LEU 和有源应答器，并向列车发送。

临时限速由调度中心管理，通过 CTC 或 TDCS 向临时限速管辖车站机下达命令，临时限速命令须经车站值班员人工签收、确认后，才可由 CTC 或 TDCS 车站设备传至列控中心。车站列控中心收到临时限速命令后检查命令的有效性，如果正确则执行该命令，根据相应的限速命令选取相应的限速报文发给 LEU，由 LEU 发送到室外应答器。

当办理正线通过且本站站内有临时限速，或在站外前方有临时限速且根据牵引计算列车必须预先降低速度时，调度中心将临时调度命令下达地点后移，由后方车站出站口有源应答器和本站进站口有源应答器执行限速。

当列车接近车站准备进站或通过时且接车进路建立后，列控中心接收联锁进路信息，识别接车进路后，通过进站口有源应答器向列车发送进路信息。当接车进路第一个区段解锁或进路取消，车站列控中心停止向应答器发送进路报文。

2. ATP 车载设备

列车运行过程中 ATP 不断检测列车运行速度，接收轨道电路低频信息，根据空闲闭塞分区数量确定目标距离，结合地面提供的列控动态信息（包括运行许可、进路信息等）、线路静态信息、临时限速信息及有关动车组数据，计算生成控制速度和目标—距离连续速度控制模式曲线，通过 DMI 显示列车运行速度、允许速度、目标速度和目标距离等，控制列车运行。一般情况下列车实际运行在常用制动控制线下方，当列车运行速度超过常用制动控制线时，设备报警并自动实施常用制动，当列车运行速度超过紧急制动控制线时，则触发紧急制动。因为速度控制是连续的、全程监控的，所以不会超速太多。紧急制动的停车点不会冒出闭塞分区，无须增设一个闭塞分区作为安全防护区段。当然设计时会在停车点与目标点之间留有一定的安全距离。

ATP 主要控制模式分为：完全监控模式、部分监控模式、引导模式、目视行车模式、调车模式、隔离模式和待机模式。同时，运行管理记录单元对列控系统有关数据及操作状态信息实时动态记录。

ATP 具备设备制动优先（机控优先）与司机制动优先（人控优先）两种模式，通过 ATP 内部设置选择其中一种模式。人控优先是司机按照模式曲线控制列车速度，设备不干涉司机正常驾驶，只有当列车超速时设备才会采取有效的减速措施确保列车运行安全。设备制动的缓解需设备允许和司机操作确认。机控优先是设备能够按照模式曲线自动控制列车减速并保证列车运行安全。设备常用制动后一旦满足缓解条件将及时自动缓解。

3. 调度中心

调度中心通过 CTC 或 TDCS 网络向车站列控中心发送临时限速命令，车站列控中心接收到临时限速命令后返回确认。当网络中断后，调度中心应授权在 CTC 或 TDCS 站机上完成临时限速命令设置操作。CTC 或 TDCS 既有功能不变。系统的信息流如图 2-1-4 所示。

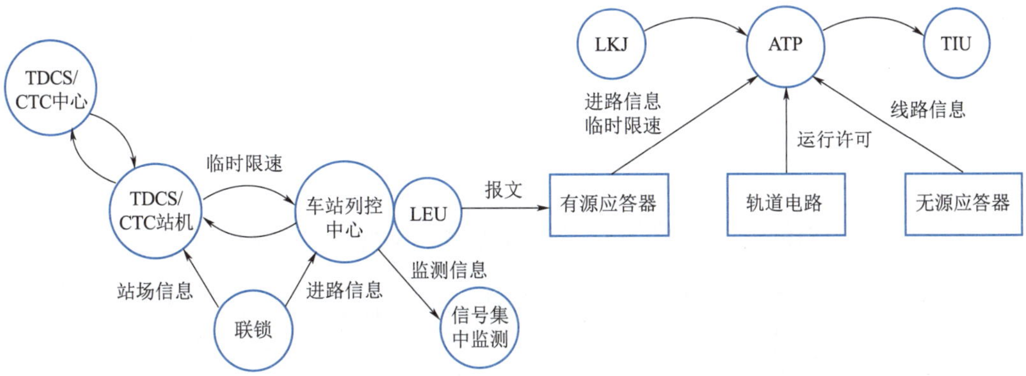

图 2-1-4　系统的信息流

【任务评价】

<table>
<tr><td>项目名称</td><td colspan="2"></td><td>任务名称</td><td></td></tr>
<tr><td>小组成员</td><td colspan="2"></td><td>综合评分</td><td></td></tr>
<tr><td rowspan="4">学生自评</td><td colspan="4">理论任务完成情况</td></tr>
<tr><td>序号</td><td>知识考核点</td><td>自评意见</td><td>自评结果</td></tr>
<tr><td>1</td><td>CTCS-2 级列控系统的组成</td><td></td><td></td></tr>
<tr><td>2</td><td>CTCS-2 级列控系统的基本原理</td><td></td><td></td></tr>
<tr><td>学习小组评价</td><td colspan="4">学习效率□　信息获取能力□　交流沟通能力□
（根据完成任务情况填写：A 优秀；B 良好；C 合格；D 有待改进）</td></tr>
<tr><td>教师评价</td><td colspan="4"></td></tr>
</table>

【练习与思考】

1. 简述我国列车运行控制系统的发展情况。

2. 简述 CTCS-2 级列控系统的组成和结构。

任务二　CTCS-2 级列控系统地面设备维护

【任务导入】

地面设备是列控系统的重要组成部分，主要包括列控中心、临时限速服务器、应答器、轨道电路、地面电子单元(LEU)及相关的网络设备，分为轨旁设备和室内设备两部分。本任务主要介绍这些设备的维护。

【任务目标】

1. 能对列控中心进行操作和维护，能对典型故障进行判断检修。
2. 能对临时限速服务器进行操作和维护，能装卸设备。
3. 能对应答器进行测试、安装和维护。
4. 具备铁路现场安全意识。

学习活动一　列控中心设备维护

【准备材料或工具】

列控中心设备维护需准备的工具有：组合工具箱、防静电手套，如图 2-2-1 所示。

(a) 组合工具箱

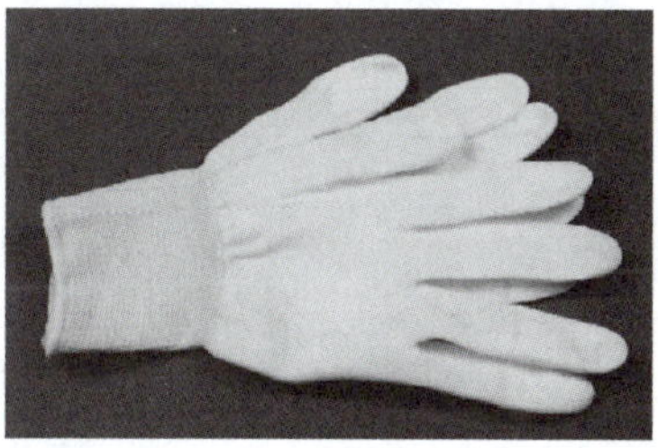

(b) 防静电手套

图 2-2-1　准备工具

【任务实施】

LKD2-HS 型列控中心是为满足 ATP 对地面控制信息的需要，在 LKD1-H2 型车站列控中心的基础上，根据相关技术条件而研制的基于安全计算机的信号设备。列控中心将 ATP 与线路上的其他管理系统和控制系统有机地联系在一起，使铁路信号信息控制更加安全、高效，是 CTCS-2 级列控系统的核心部分。

(一)系统接口

列控中心外部接口如图 2-2-2 所示，需与邻站 TCC、CBI、CTC、TSRS、TC、LEU 和 CSM 等设备通信。

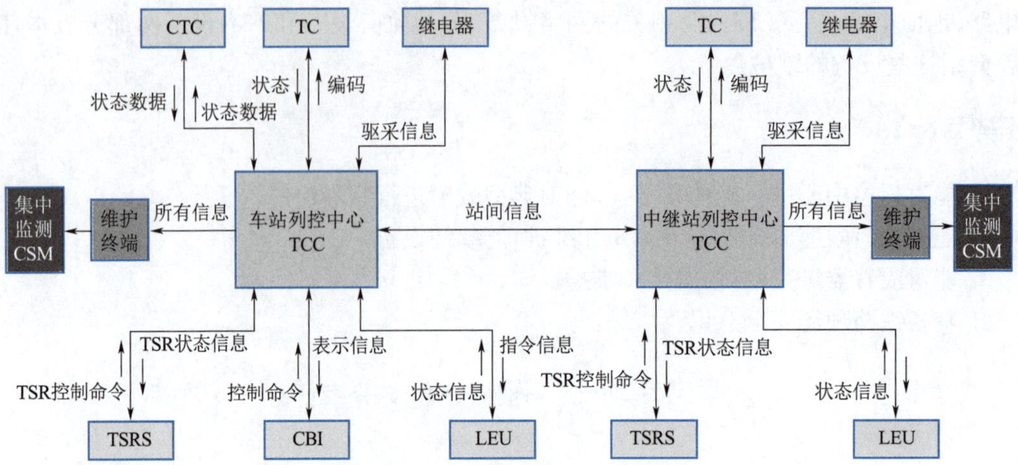

图 2-2-2　列控中心外部接口

(二)运转及操作

1. TCC 的启动步骤

确认地面 TCC 设备的输入电源符合供电要求。按照表 2-2-1 中 1～8 的顺序打开各设备电源单元的电源开关。电源开关的位置如图 2-2-3 所示。

表 2-2-1　电源开关的打开顺序

序　号	设　备	电源单元的开关名称
1	主控柜	总电源Ⅰ
2	主控柜	电源机笼Ⅰ
3	主控柜	工控机Ⅰ
4	主控柜	KVM
5	主控柜	总电源Ⅱ
6	主控柜	电源机笼Ⅱ
7	主控柜	工控机Ⅱ
8	主控柜	风扇

按照表 2-2-2 中 1～6 的顺序打开各设备机柜内电源开关,同时参照系统板件的 LED 显示,来确认设备正常启动。

机柜内电源开关的位置如图 2-2-4 所示。

表 2-2-2　机柜内电源开关的打开顺序

序　号	设　备	电源单元的开关名称
1	主控柜	A 系电源Ⅰ
2	主控柜	A 系电源Ⅱ
3	主控柜	B 系电源Ⅰ
4	主控柜	B 系电源Ⅱ
5	主控柜	交换机电源Ⅰ
6	主控柜	交换机电源Ⅱ

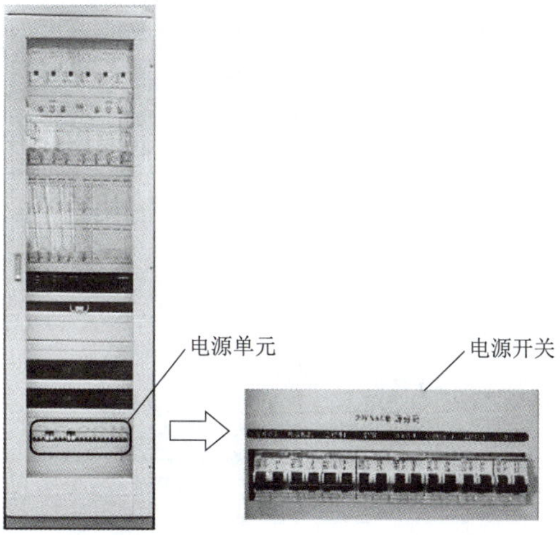

图 2-2-3　主控机柜电源开关的位置

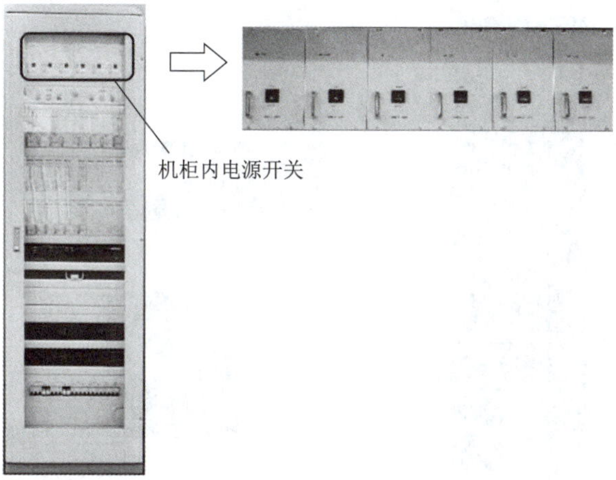

图 2-2-4　机柜内电源开关的位置

列控中心上电后，首先检查系统的完整性和软件版本的一致性。若存在板卡缺失或系内两个 CPU 的软件或数据版本不一致，将不能正常启动。若系间软件版本不一致，则系间不能同步。

2. TCC 关闭步骤

按照表 2-2-3 中 1～14 的顺序关闭各设备电源单元的电源开关。

表 2-2-3　电源开关的关闭顺序

序　　号	设　　备	电源单元的开关名称
1	主控柜	交换机电源Ⅱ
2	主控柜	交换机电源Ⅰ
3	主控柜	B 系电源Ⅱ
4	主控柜	B 系电源Ⅰ
5	主控柜	A 系电源Ⅱ
6	主控柜	A 系电源Ⅰ

续上表

序　　号	设　　备	电源单元的开关名称
7	主控柜	风扇
8	主控柜	工控机Ⅱ
9	主控柜	电源机笼Ⅱ
10	主控柜	总电源Ⅱ
11	主控柜	KVM
12	主控柜	工控机Ⅰ
13	主控柜	电源机笼Ⅰ
14	主控柜	总电源Ⅰ

3. 工控机启动

在 TCC 启动步骤完成后，在机柜后面找到工控机开关位置，如图 2-2-5 所示。

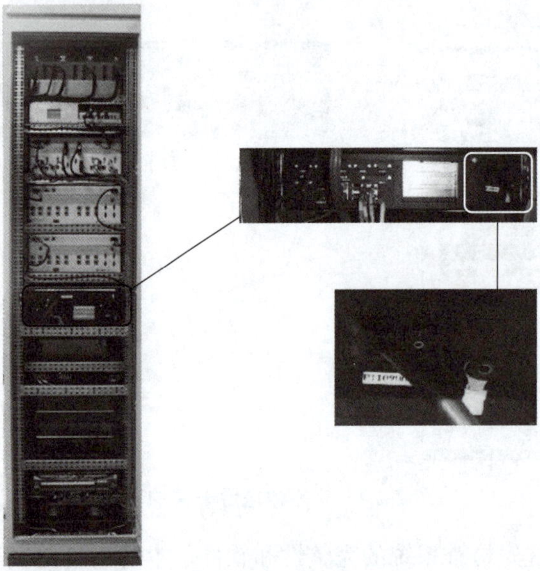

图 2-2-5　工控机开关位置

4. 工控机关闭

通过操作系统桌面的关机键进行停止操作。

5. KVM 启动过程

在 TCC 启动步骤完成后，在机柜后面找到 KVM 开关位置，如图 2-2-6 所示。

6. KVM 关闭

关闭 KVM 开关。

(三)检查及维护

1. 检查的类别与周期

TCC 的检查类别与周期见表 2-2-4。

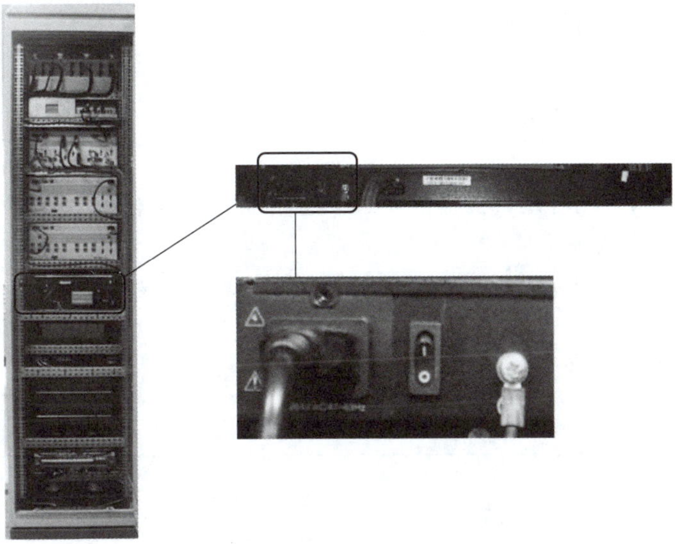

图 2-2-6　KVM 开关位置

表 2-2-4　检查的类别与周期

序号	检查类别	检查周期	检 查 内 容
1	日常检查	1 个月以内	确认 TCC 的 LED 状态及维护终端的画面，确认设备的运转状态、传输状态应没有异常
2	定期检查	半年以内	对 TCC 的内部进行检查，确认设备中应没有异常
3	定期更换	10 年以内	为了保证系统的运转率，在规定的周期交换有寿命的部件。交换之后，实施与定期检查相同的检查，确认设备中没有异常

2. 检查项目

TCC 设备的检查项目一览见表 2-2-5。

表 2-2-5　TCC 的检查项目一览

序号	检查项目	检查种类			备 注
		日常检查	定期检查	定期更换	
1	LED 显示确认	○	○	○	—
2	维护终端显示确认	○	○	○	—
3	设备外观的确认	—	○	○	—
4	配线连接状态的确认	—	○	○	停电作业
5	部件定期更换	—	—	○	停电作业 作业后实施序号 1～4 的检查

注：○表示需要；—表示不需要。

实施规定了需停电作业的检查时，需在天窗点内施工，避免对 TCC 或其他设备造成影响。

3. 检查内容

TCC 各检查的内容如下所示，检查的结果建议进行记录保存。

(1)LED 显示确认

确认 TCC 中所装板卡的 LED 显示内容。

(2)维护终端显示确认

检查维护终端站场视图、系统视图。

(3)设备外观确认

TCC 外观确认检查内容是目视确认 TCC 内部单元表面没有变形、裂缝、损伤、腐蚀。

(4)配线连接状态的确认

TCC 配线连接状态的确认检查,需参照 LKD2-HS 相关文件。

(5)部件定期的更换

在表 2-2-6 的更换周期内进行 TCC 的更换。

表 2-2-6 地面 TCC 设备更换周期

序号	名 称		型号	更换周期	件数(1 套/TCC)	备 注
1	主控机柜	主控模块	TM425	10 年	4	更换周期从出厂时间开始计算,数量可能不同,以实际数量为主
2		通信模块	TM426	10 年	2	
3		切换模块	TM427	10 年	2	
4		切换面板	TM434	10 年	1	
5		TC 通信模块	TM486	10 年	2	
6		CTC 通信模块	TM484	10 年	2	
7		LEU 通信模块	TM492	10 年	2	
8		电源模块	TM451	5 年	18	
9	I/O 机柜	采集模块	TM461	10 年	10	
10		驱动模块	TM473	10 年	10	
11	主控机柜	维护终端	工控机	5 年	1	
12		一体化显示器	KVM	5 年	1	
13		工业交换机	交换机	10 年	1	

4. 数据下载

数据下载步骤如下:

(1)将 U 盘插入列控中心工控机 U 口处。

(2)打开列控中心维护终端显示器,等待 3～5 s,维护终端软件自动打开。

(3)按下“Prt SCR/SYS RQ”(截屏键)按键,将列控中心“报警中心”报警信息截屏,图片选择存储目录,找到 U 盘,存储到 U 盘中。

(4)单击“Ctrl＋Alt＋D”组合键切换至桌面,打开桌面左上方 root 主文件夹。

(5)找到 LKTTY2 文件夹,复制该目录下的日志文件(LKD2_Log. txt),存到 U 盘中。进入“DATA”文件夹,复制发生故障日期的数据文件(* _data),复制故障日期的数据索引文件(* _index,如果没有该数据,则不需要复制);并在相同路径下复制报警文件(alert. txt)。

(6)将所有文件复制到 U 盘后,在桌面上的 U 盘盘符上单击鼠标右键,选择卸载文件卷,并单击桌面右下角,将列控中心维护终端软件恢复最大化。

(四)拆卸与安装

1. 板卡模块的操作

(1)TM451 的拆卸方法如下:

①拧松用来固定在机笼上的螺钉(图 2-2-7)。

②不碰到相邻板卡,慢慢拔出 TM451。

注意:拔出板卡操作时务必佩戴防静电手套。

(2)TM451 的安装方法如下:

①不碰到相邻板卡,慢慢插入 TM451。

②拧紧用来固定在机笼上的螺钉。

注意:插入板卡操作时务必佩戴防静电手套。

TM425、TM426、TM427、TM484、TM486、TM492、TM461、TM473 等模块的拆卸与安装参考 TM451 模块。

整个操作过程中,机笼必须处于断电状态。

注意:元器件的防护,避免结构件或金属件等将其损坏,严禁蛮力插入或拔出模块。

禁止触摸板上元器件,操作者在操作前必须先进行静电泄放,佩戴防静电手套。

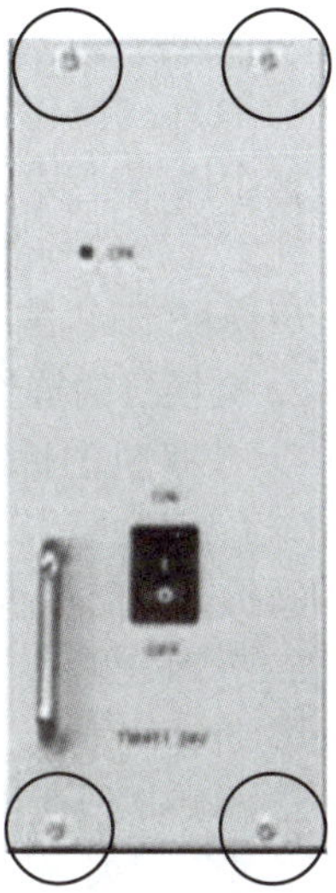

图 2-2-7 TM451 固定机笼螺钉位置

2. 机笼的操作

(1)TM440 的拆卸方法如下:

①系统停止运转。

②拆卸掉与本机笼相连的线缆。

a. 拆卸电源线。

b. 拆卸地线。

c. 拆卸 DP 通信线。

d. 拆卸其他通信线。

③拧松用来固定在机柜上的螺钉(图 2-2-8)。

图 2-2-8 TM440 机笼固定机柜的螺钉位置

④拔出 TM440。

(2)TM440 的安装方法如下：

①插入 TM440。

②拧紧用来固定在机笼上的螺钉。

③安装好与本机笼相连的线缆。

④把原机笼里模块插入新机笼相应位置。

TM441、TM442、TM443、TM444、TM448 等机笼拆卸及安装参考 TM440 机笼。

整个操作过程中，机笼必须处于断电状态。

注意元器件的防护，避免结构件或金属件等将其损坏，严禁蛮力插入或拔出模块。

更换机笼时，笼号设定拨码开关必须依据工程设计文件设定。

3. 交换机的操作

(1)交换机的拆卸方法如下：

①系统停止运转。

②拆卸掉与本机相连的线缆。

a. 拆卸电源线。

b. 拆卸地线。

c. 拆卸其他通信线。

③拧松用来固定在机柜上的螺钉(图 2-2-9)。

图 2-2-9　交换机固定机柜螺钉位置

④拔出交换机。

交换机的安装方法如下：

①插入交换机。

②拧紧用来固定在机柜上的螺钉。

③安装好与本机相连的线缆。

整个操作过程中，机笼必须处于断电状态。

注意元器件的防护，避免结构件或金属件等将其损坏，严禁蛮力插入或拔出模块。

4. 工控机的操作

(1)工控机的拆卸方法如下：

①系统停止运转。

②拆卸掉与本机相连的线缆。

a. 拆卸电源线、显示线、键盘、鼠标。

b. 拆卸地线。

c. 拆卸其他通信线。

③拧松用来固定在机柜上的螺钉(图 2-2-10)。

④拔出工控机。

(2)工控机的安装方法如下：

①插入工控机。

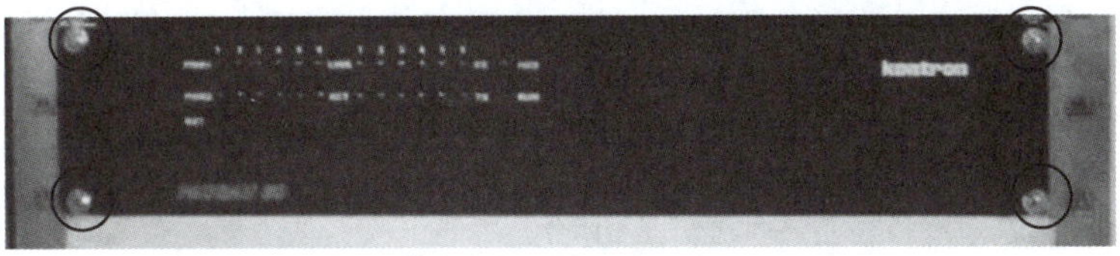

图 2-2-10　工控机固定机柜螺钉位置

②拧紧用来固定在机柜上的螺钉。

③安装好与本机相连的线缆。

注意元器件的防护,避免结构件或金属件等将其损坏,严禁蛮力插入或拔出模块。

5. KVM 的操作

(1)KVM 的拆卸方法如下:

①系统停止运转。

②拆卸掉与 KVM 相连的线缆。

a. 拆卸电源线、显示线、键盘、鼠标。

b. 拆卸地线。

③拧松用来固定在机柜上的螺钉(图 2-2-11)。

图 2-2-11　KVM 固定机柜螺钉位置

④拔出 KVM。

(2)KVM 的安装方法如下:

①插入 KVM。

②拧紧用来固定在机柜上的螺钉。

③安装好与本机相连的线缆。

整个操作过程中,机笼必须处于断电状态。

注意元器件的防护,避免结构件或金属件等将其损坏,严禁蛮力插入或拔出模块。

(五)典型故障检修

1. TCC 运行中发生异常或故障时的故障检修步骤及方法

TCC 运行中发生异常或故障时的故障检修步骤如下:

(1)通过维护终端检查 TCC 设备板卡是否正常工作。

(2)通过维护终端检查 TCC 设备与外部设备的通信线是否正常。

(3)通过目视检查 TCC 设备板卡是否正常工作。

(4)通过目视检查 TCC 设备与外部设备的通信线是否正常。

(5)发现不正常工作的模块,参照下面相应板卡进行处理。

(6)必要时需复制维护终端数据,进一步分析。

2. 电源模块故障

电源模块故障处理见表 2-2-7。

表 2-2-7　电源模块故障处理表

故障现象	处 理 措 施
TM451 开关打开，但 ON 灯熄灭	单个电源模块故障时，建议更换；多个电源模块故障时： 1. 首先检查列控中心供电是否正常。 2. 检查列控中心空开是否闭合。 3. 检查电源接线是否牢固

3. 列控中心系统故障

列控中心系统故障处理见表 2-2-8。

表 2-2-8　列控中心系统故障处理表

故障现象	处 理 措 施
列控中心所有板件灭灯	检查列控中心供电是否正常
TM425 板卡 ERROR 灯点亮	列控宕机，重启故障的列控中心一系后看是否能够恢复；调换故障 TM425 与其他 TM425 的位置，定位故障板卡；更换故障系 TM425 板卡，进一步分析
切换面板灭灯	主控获取不到切换钥匙位置导致宕机： 1. 检查切换面板接线是否牢固。 2. 更换切换面板
无法使用切换钥匙手动切系，TM425 板卡 STANDBY 灯熄灭	查看维护终端系统视图界面，观察备系是否出现比主系优先级更高的接口故障
备系 TM473 板卡无输出	首先检查是否存在故障的 TM461、TM473 板卡。 板卡均正常工作时，当备系的输出与主系不一致时，备系关断输出。 1. 对比主、备两系每一个采集板上各通道的灯位，观察是否存在主备系采集不一致的情况。 2. 若存在采集不一致，检查不一致通道的采集电缆是否松动，继电器采集点是否接触不良。 3. 若采集一致，分别查询列控中心 A、B 两系的接口数据，I/O 驱动数据，对比哪个继电器驱动数据不一致，再进一步查明原因

4. ZPW-2000A 轨道电路通信故障

ZPW-2000A 轨道电路通信故障见表 2-2-9。

表 2-2-9　ZPW-2000A 轨道电路通信故障表

故障现象	处 理 措 施
TM486 板卡 ERROR 灯点亮	板卡故障： 1. 复位故障板卡，看是否能够恢复正常。 2. 如不能恢复，更换备用板卡
TM486 板卡 CAN 灯熄灭，维护终端报与 CTC 某通信中断	1. 检查轨道电路通信盘是否正常工作。 2. 检查列控中心与轨道电路通信盘之间的 CAN 总线是否虚接、断线。 3. 复位 TM486 接口板。 4. 更换 TM486 接口板

5. CTC 通信故障

CTC 通信故障见表 2-2-10。

表 2-2-10　CTC 通信故障表

故障现象	处 理 措 施
TM484 板卡 ERROR 灯亮	板卡故障时： 1. 复位故障板卡，看通信能否恢复。 2. 更换备用板卡
TM484 板卡 RS-422 指示灯熄灭，维护终端报与 CTC 某通信中断	如果为单通道故障： 1. 检查通道接线是否存在虚接、断线。 2. 检查 CTC 侧是否工作正常 如果为多通道故障。 (1)TCC-A1 与 CTC-A1、TCC-B1 与 CTC-A2 通道同时中断，检查 CTC 的 A 系是否工作正常。 (2)TCC-A2 与 CTC-B2、TCC-B2 与 CTC-B1 通道同时中断，检查 CTC 的 B 系是否工作正常。 (3)TCC-A1 与 CTC-A1、TCC-A2 与 CTC-B2 通道同时中断，重启或更换 TCC-A 系 TM484 板卡。 (4)TCC-B1 与 CTC-A2、TCC-B2 与 CTC-B1 通道同时中断，重启或更换 TCC-B 系 TM484 板卡

6. CBI、TSRS、其他 TCC 设备通信故障

CBI、TSRS、其他 TCC 设备通信故障见表 2-2-11。

表 2-2-11　CBI、TSRS、其他 TCC 设备通信故障表

故障现象	处 理 措 施
TM426 板卡 ERROR 灯点亮	复位或更换故障板卡
TM426 板卡 SNETA 灯熄灭	A 网网络故障，检查步骤如下： 1. 检查列控中心 ARNET1 或 BRNET1 接口到 A 网交换机的网线是否虚接或断线。 2. 检查 A 网交换机工作是否正常，指示灯是否正常显示。 3. 检查 A 网交换机光通道衰耗是否达标。 4. 重启 A 网交换机。 5. 更换 A 网交换机。 6. 重启 TM426。 7. 更换 TM426
TM426 板卡 SNETB 灯熄灭	B 网网络故障，检查步骤如下： 1. 检查列控中心 ARNET2 或 BRNET2 接口到 B 网交换机的网线是否虚接或断线。 2. 检查 B 网交换机工作是否正常，指示灯是否正常显示。 3. 检查 B 网交换机光通道衰耗是否达标。 4. 重启 B 网交换机。 5. 更换 B 网交换机。 6. 重启 TM426。 7. 更换 TM426
TM426 板卡指示灯正常，维护终端报与 CBI、TSRS 或邻站 TCC 通信中断，并且多个设备报警相互伴随出现	1. 检查列控中心至交换机的网线是否虚接或断线。 2. 查看网管服务器日志，是否出现网络风暴。 3. 检查列控侧交换机是否工作正常，指示灯是否正常显示。 4. 检查交换机光通道衰耗是否达标。 5. 重启交换机。 6. 重启或更换 TM426

续上表

故障现象	处 理 措 施
TM426 板卡指示灯正常，维护终端只报与 CBI 通信中断	只存在联锁通信故障时： 1. 检查联锁是否正常工作。 2. 检查联锁至交换机的网线连接是否存在虚接或断线。 3. 检查联锁侧交换机是否工作正常。 4. 检查交换机间网线是否存在虚接或断线
TM426 板卡指示灯正常，维护终端只报与 TSRS 通信中断	只存在 TSRS 通信故障时： 1. 检查 TSRS 是否正常工作。 2. 检查交换机光通道衰耗是否达标。 3. 检查 TSRS 至交换机的网线连接是否存在虚接或断线。 4. 检查 TSRS 侧交换机是否工作正常
TM426 板卡指示灯正常，维护终端只报与 TSRS 通信中断	只存在邻站 TCC 通信故障时： 1. 检查报警站 TCC 是否正常工作。 2. 检查交换机光通道衰耗是否达标。 3. 检查邻站 TCC 至交换机的网线连接是否存在虚接或断线。 4. 检查邻站 TCC 侧交换机是否工作正常

7. LEU、应答器通信故障

LEU、应答器通信故障见表 2-2-12。

表 2-2-12　LEU、应答器通信故障表

故障现象	处 理 措 施
TM492 板卡 ERROR 灯亮，报 TM492 板卡故障	1. 重启故障板卡，看通信能够恢复。 2. 更换备用板卡
TM492 板卡 COMM 灯灭同时报与 LEU 通信故障	1. TM492 至 LEU 网线是否存在虚接或断线。 2. 重启 TM492。 3. 重启 LEU，若重启后故障恢复，需进一步观察。 4. 更换 TM492。 5. 更换 LEU
应答器通信故障，LEU 指示灯异常	1. 检查应答器是否工作正常。 2. 检查尾缆是否虚接或折断。 3. 检查 LEU 供电是否正常。 4. 重启 LEU。 5. 更换 LEU

8. 输入/输出故障

输入/输出故障见表 2-2-13。

表 2-2-13　输入/输出故障表

故障现象	处 理 措 施
TM473 板卡 ERROR 灯亮	更换故障板卡
TM461 板卡 ERROR 灯亮	采集板被配置为采集前后接点时，观察采集板卡是否存在绿、黄指示灯均亮或均灭的现象。如果采集板被配置为前接点或后接点采集时，观察是否存在绿、黄指示灯只亮一个的现象。 1. 如果双系均存在，首先检查接口架至继电器之间的采集线缆是否存在虚接与断线；然后再检查继电器安装是否牢固，采集点是否虚焊、积尘。 2. 如果仅单系存在故障，建议首先检查采集板至接口架之间的采集线缆是否存在虚接、断线；然后再重启故障板卡。 3. 更换故障板卡

9. 继电器驱采不一致报警

继电器驱采不一致报警见表 2-2-14。

表 2-2-14　继电器驱采不一致报警表

故障现象	处理措施
列控中心报某继电器驱采不一致	1. 检查是否存在驱动板故障，导致列控中心无法输出驱动的情况。 2. 检查驱动板至继电器之间的线缆是否存在虚接或断线。 3. 检查继电器动作是否正常。 4. 检查是否存在采集板故障，导致列控中心无法采集到继电器状态。 5. 检查采集线缆是否存在虚接或断线，采集接点是否生锈、积尘。 6. 检查采集接点电压是否满足要求(吸起＞20 V，落下＜9 V)。 7. 若采集的接点是多个继电器的串联接点，需检查串联电路中各个接点是否存在虚接、生锈、积尘。 8. 如果只是备系存在驱采不一致，首先确认是否存在系间输出不一致，然后明确输出不一致的原因

10. 闪红光带

闪红光带处理见表 2-2-15。

表 2-2-15　闪红光带处理表

故障现象	处理措施
闪红光带	1. 检查是否出现由于施工等其他人为原因导致的情况。 2. 检查采集 GJ 对应的采集板是否出现过板卡或通道故障。 3. 检查轨道电路通道出现过故障报警。 4. 检查是否出现过区间信号机红灯断丝。 5. 检查是否出现过 TCC 与 CBI 通信中断，导致接近区段红灯断丝转移。 6. 分别查询 TC 上传数据与 I/O 采集数据，若均报该区段占用，检查轨道电路侧是否存在问题。 7. 若仅 I/O 采集数据显示区段占用，首先检查采集线缆是否存在虚接与断线，采集接点是否生锈、积尘，然后检查采集接点电压是否满足要求(吸起＞20 V，落下＜9 V)，最后检查 GJ 动作是否正常

11. 改方失败

改方失败处理见表 2-2-16。

表 2-2-16　改方失败处理表

故障现象	处理措施
正常改方不能成功	1. 检查原接车站是否办理发车进路。 2. 检查原发车站是否办理发车进路(不应办理)。 3. 检查两主站是否按压 FFAJ 或 JFAJ (不应按压)。 4. 检查两车站间区间是否空闲。 5. 检查区间的无配线站是否办理了进路。 6. 检查区间中继站是否与主站通信中断。 7. 检查主站间是否存在通信中断。 8. 检查区间 FQJ 是否动作到位，检查 I/O 采集数据，列控中心是否采集到 FQJ 串联接点的动作到位。 9. 检查 FJ 动作是否到位，检查 I/O 采集数据，列控中心是否采集到 FJ 采集接点是否动作到位。 10. 检查驱动板至继电器之间的线缆是否存在虚接或断线。 11. 检查驱采 FJ 相关 TM473、TM461 是否存在故障

续上表

故障现象	处 理 措 施
辅助改方不能成功	1. 检查两车站是否办理发车进路(不应办理)。 2. 检查原接车需按压 FFAJ。 3. 检查原发车站需按压 JFAJ。 4. 检查区间是否需要存在占用区段。 5. 检查区间的无配线站是否办理了进路。 6. 检查区间中继站是否与主站通信中断。 7. 检查主站间是否存在通信中断。 8. 检查区间 FQJ 是否动作到位,检查 I/O 采集数据,列控中心是否采集到 FQJ 串联接点的动作到位。 9. 检查 FJ 动作是否到位,检查 I/O 采集数据,列控中心是否采集到 FJ 采集接点动作到位。 10. 检查驱动板至继电器之间的线缆是否存在虚接或断线。 11. 检查 TM461、TM473 是否存在故障

12. 临时限速下达不成功

若存在临时限速下达不成功,检查 TSRS 向 CTC 设备发送的提示代码。提示代码含义见表 2-2-17。

表 2-2-17 临时限速下达不成功处理表

错误代码	错误参数	适用情形
1=线路号	0	线路号不在管辖范围内
2=里程标无效	1. 起始里程标。 2. 结束里程标。 3. 起始、结束里程标	仅侧线里程标的里程标系为 0 外,正线里程标的里程标系均不得为 0。 里程标值不在管辖范围内或起始、结束里程标重合
3=限速值无效	0	正线限速:9～90 (单位:5 km/h)。 侧线限速:9、16 (单位:5 km/h)
4=未找到相应的限速命令	0. TSR 标识符。 1. 线路号。 2. 起点里程标系。 3. 结束里程标系。 4. 起点里程标值。 5. 结束里程标值。 6. 起点长链标识符。 7. 结束长链标识符	TSR 取消命令与原设置命令参数不一致
5=限速区域有重叠	0	不能在重叠处设置限速。 应答器报文精度导致
9=命令操作有误	1. 未经验证通过不得直接执行。 2. 已在执行中验证无效。 3. 已在执行中,不可删除。 4. 已在删除中,不可操作。 5. 尚未执行,不可取消。 6. 非原拟定方,不得操作。 7. 已存在相应的取消命令,不得重复拟定。 8. 有与当前命令状态位置重叠。 9. 该命令已不存在,CTC 刷新有误	TSRS 检测的命令流程次序要求;命令的操作源【设备编号】必须始终为同一调度台的。 当前已有激活、提示、执行类的命令,则与之重叠的位置不得再操作设置其他限速命令

续上表

错误代码	错误参数	适用情形
11＝命令标识符分配有误	1. 对 TCC 分配错误。 2. 对 RBC 分配错误	TSR 标识分配已用完。 系统程序有误，未能解决冲突
13 ＝ 使 用 等 级有误	1. CTCS-3 系统故障。 2. CTCS-2 系统故障	本项暂仅做预留
14 ＝ 限 速 时 效有误	1. 开始时间无效。 2. 结束时间无效	拟定限速时间滞后于当前时间
15＝应答器报文校验失败	1. 报文容量超界。 2. 报文扰码失败	应答器管辖范围内的限速点过多
16＝限速命令下发至 TCC/RBC/TSRS 失败	TCC/RBC/TSRS 编号	因通信中断导致无法下发执行或限速指令下达的站号找不到
255＝其他错误	自定义参数	预留给各设备内部额外错误表示

13. 维护终端宕机

维护终端宕机处理见表 2-2-18。

表 2-2-18　维护终端宕机处理表

故障现象	处　理　措　施
维护终端无显示	1. 检查工控机、KVM 供电。 2. 检查视频线接线是否存在虚接。 3. 重启 KVM。 4. 重启工控机
维护终端软件无法启动	1. 双击桌面图标。 2. 重启工控机

14. TCC 无法初始化

TCC 无法初始化处理见表 2-2-19。

表 2-2-19　TCC 无法初始化处理表

故障现象	处　理　措　施
一般站 TCC 无法初始化	1. 检查是否存在与 TSRS 通信中断，若存在，需要将通信恢复。 2. 检查 TCC 是否收到 TSRS 发送初始化命令。 3. 若未收到初始化命令，需按照临时限速服务器相关维护说明进行检查
临时限速转换站 TCC 无法初始化	1. 检查是否存在与 TSRS 通信中断，若存在，需要将通信恢复。 2. 检查是否存在与 CTC/TDCS 通信中断，若存在，需要将通信恢复。 3. 检查 TCC 是否收到 CTC/TDCS 和 TSRS 发送初始化命令。 4. 若未收到初始化命令，需按照临时限速服务器相关维护说明进行检查

【任务评价】

项目名称			任务名称	
小组成员			综合评分	
学生自评	理论任务完成情况			
	序号	知识考核点	自评意见	自评结果
	1	对列控中心拆卸与安装		
	2	对列控中心运转操作		
	3	对列控中心检查与维护		
学习小组评价	学习效率□　信息获取能力□　交流沟通能力□ （根据完成任务情况填写：A 优秀；B 良好；C 合格；D 有待改进）			
教师评价				

学习活动二　临时限速服务器系统设备维护

【准备材料或工具】

临时限速服务器系统设备维护需准备的工具有：万用表、组合工具箱，如图 2-2-12 所示。

（a）万用表

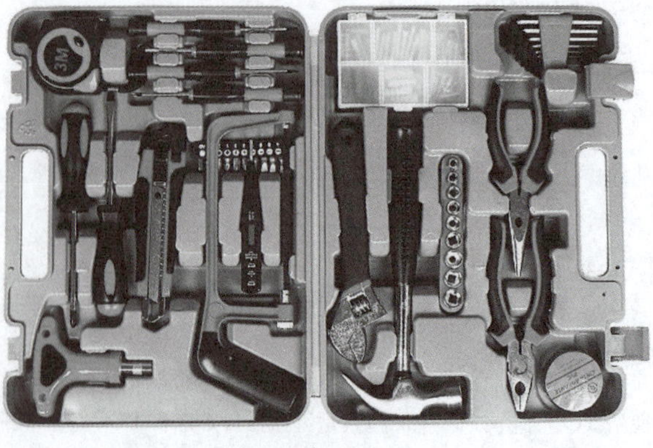

（b）组合工具箱

图 2-2-12　准备工具

【任务实施】

(一)系统接口

临时限速服务器外部接口如图 2-2-13 所示,需与相邻 TSRS、CTC、TCC、TSRM 和 RBC 等设备通信。

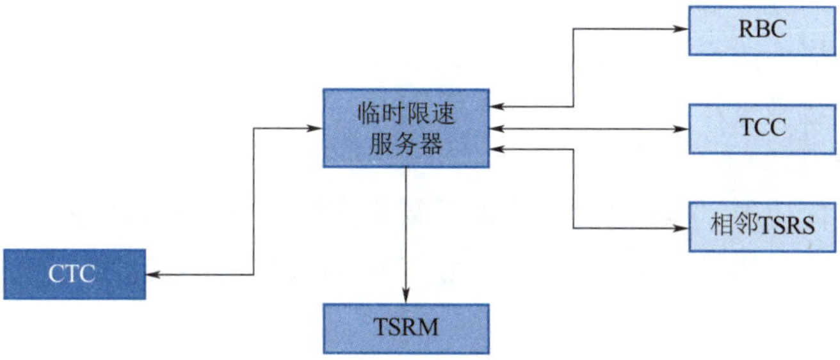

图 2-2-13 TSRS 与外设接口示意图

(二)机笼及板卡的安装与拆卸

1. 机笼装卸流程说明

(1)机笼拆卸步骤如下:

①系统停止运转。

②拆卸掉与本机笼相连的线缆(包括电源线、地线及其他通信线)。

③拧松用来固定在机柜上的螺钉,如图 2-2-8 所示。

④拔出 TM440。

(2)机笼安装步骤

①插入 TM440。

②拧紧用来固定在机笼上的螺钉。

③安装好与本机笼相连的线缆。

④把原机笼里模块插入新机笼相应位置。

主控机笼及通信机笼的安装拆卸流程与电源机笼相同。安装设备前,应将机柜调至水平位置。整个操作过程中,机柜必须处于断电状态。考虑到机笼重量等因素,需由两人进行机笼的装卸。

2. 无弹性卡口板卡装卸流程说明

(1)板卡拆卸步骤如下:

①拧松用来固定在机笼上的螺钉,如图 2-2-7 所示。

②为了不碰到相邻板卡,应慢慢拔出 TM451。

注意:拔出板卡操作时务必佩戴防静电手套。

(2)板卡安装步骤

①为了不碰到相邻板卡,应慢慢插入 TM451。

②拧紧用来固定在机笼上的螺钉。

注意:插入板卡操作时务必佩戴防静电手套。

整个操作过程中，机笼必须处于断电状态。

注意元器件的防护，避免结构件或金属件等将其损坏，严禁蛮力插入或拔出模块。

禁止触摸板上元器件，操作者在操作前必须先进行静电泄放，佩戴防静电手套。

3. 有弹性卡口板卡（VG5 板卡）装卸流程说明

（1）板卡拆卸步骤如下：

①松动面板上的紧固螺丝。

②按压模块两端助拔提手上的弹性卡口，使提手弹开。

③向外侧扳动提手边缘，使模块与背板连接器脱离。

④将模块沿导轨慢慢拉出机笼。

（2）板卡安装步骤如下：

①安装前确保模块上、下两端的助拔提手及紧固螺丝处于松动状态。

②确认模块型号与机笼槽位是否一致，将模块插入其相应位置的导轨，平行推入至不能推进为止。

③向内扳动模块两端的助拔提手，并同时向笼内按压模块，使模块与背板连接器可靠连接。

④顺时针旋紧模块面板上的紧固螺钉。

整个操作过程中，机笼必须处于断电状态。

注意元器件的防护，避免结构件或金属件等将其损坏，严禁蛮力插入或拔出模块。

禁止触摸板上元器件，操作者在操作前必须先进行静电泄放，佩戴防静电手套。

4. 切换面板装卸流程说明

（1）切换面板装卸过程中的安全防护措施：整个操作过程中，机柜必须处于断电状态。

（2）切换面板装卸步骤如下：

切换面板模块设有四个固定螺钉，通过紧固螺栓安装在临时限速服务器机柜中；反之则拆解。

5. 工控机装卸流程说明

（1）工控机的拆卸方法如下：

①系统停止运转。

②拆卸电源线、显示线、键盘、鼠标。

③拆卸地线。

④拆卸其他通信线。

⑤拧松用来固定在机柜上的螺钉，如图 2-2-10 所示。

⑥拔出工控机。

（2）工控机的安装方法如下：

①插入工控机。

②拧紧用来固定在机柜上的螺钉。

③安装好与本机相连的线缆。

整个操作过程中，机笼必须处于断电状态。

注意元器件的防护，避免结构件或金属件等将其损坏，严禁蛮力插入或拔出模块。

6. KVM 装卸流程说明

（1）KVM 的拆卸方法如下：

①系统停止运转。
②拆卸电源线、显示线、键盘、鼠标、地线。
③拧松用来固定在机柜上的螺钉，如图 2-2-11 所示。
④拔出工控机。
(2)KVM 的安装方法如下：
①插入 KVM。
②拧紧用来固定在机柜上的螺钉。
③安装好与本机相连的线缆。
整个操作过程中，机笼必须处于断电状态。
注意元器件的防护，避免结构件或金属件等将其损坏，严禁蛮力插入或拔出模块。

7. 交换机装卸流程说明

(1)交换机的拆卸方法如下：
①系统停止运转。
②拆卸电源线。
③拆卸地线。
④拆卸其他通信线。
⑤拧松用来固定在机柜上的螺钉，如图 2-2-9 所示。
⑥拔出交换机。
(2)交换机的安装方法如下：
①插入交换机。
②拧紧用来固定在机柜上的螺钉。
③安装好与本机相连的线缆。
整个操作过程中，机笼必须处于断电状态。
注意元器件的防护，避免结构件或金属件等将其损坏，严禁蛮力插入或拔出模块。

(三)运转及操作

1. 系统上电

(1)系统上电前应首先确认以下各项：
①检查设备是否有硬件或外观的损伤。
②设备配置完整且各部分连接正确、紧固。
③各线缆连接正确且紧固。
④各设备接地良好。
⑤钥匙开关处于“自动”位置。
⑥电源屏供电输出在正常范围内 AC 220^{+22}_{-33} V。
⑦机柜各空气开关及电源机笼各电源模块开关处于断开状态。
如有上述任何条件不符，必须解决后才能进行上电。
(2)系统上电顺序如下：
①接通电源屏 AC 220 V，确认电源屏输出电压是否正常。
②将各机柜空气开关拨至闭合状态。
③切换电源机笼各电源模块开关到启动(ON)状态，切换通信机笼电源开关至启动(ON)状态。
④开启工控机等维护终端设备。

2. 设备运行

临时限速服务器主控机笼正常运行时指示灯状态见表 2-2-20。

表 2-2-20　正常运行时指示灯状

模块指示灯	TM425	TM427	说明	
			正　常	异　常
RUN	• (黑色)	• (黑色)	TM425: 闪:主系。 亮:备系。 TM427: 亮:系统工作	TM425: 灭:模块没有上电。 TM427: 灭:模块没有上电。 闪:系统复位
ERROR	• (黑色)	• (黑色)	灭:系统工作正常	亮:系统故障
CNET	• (黄色)	• (黄色)	TM425: 亮:DP 通信正常。 TM427: 亮:Profisafe 总线正常	TM425: 灭:DP 通信故障。 TM427: 灭:Profisafe 总线故障
A/B	—	• (绿色)	灭:模块为 B 系。 亮:模块为 A 系	
SYNCH	• (黄色)	• (绿色)	TM425: 亮:系内同步。 TM427: 亮:系统同步	TM425: 灭:系内不同步。 TM427: 灭:系统未同步
STANDBY	• (黄色)	• (绿色)	TM425: 灭:备系不具备升主条件。 亮:备系具备升主系条件。 TM427: 灭:模块为主系。 亮:模块为从系	
RNETA	• (黄色)	—	闪:接收本系邻 ICU 数据正常	灭或亮:接收本系邻 ICU 数据故障
RNETB	• (黄色)	—	闪:接收邻系 ICU 数据正常	灭或亮:接收邻系 ICU 数据故障
SNETA	• (黄色)	—	闪:接收本系邻 ICU 数据正常	灭或亮:接收本系邻 ICU 数据故障
SNETB	• (黄色)	—	闪:接收邻系 ICU 数据正常	灭或亮:接收邻系 ICU 数据故障
SNETC	• (黄色)	—	闪:接收 TTY 数据正常	灭或亮:接收 TTY 数据故障

说明:"•"表示模块需要考虑该灯;"—"则不需要考虑该灯。

3. 工控机启动

TCC 启动完成后,在机柜后面找到工控机开关位置,如图 2-2-5 所示。

4. 工控机关闭

通过操作系统桌面的关机键进行停止操作。

5. KVM 启动过程

TCC 启动步骤完成后，在机柜后面找到 KVM 开关位置，如图 2-2-6 所示。

6. KVM 关闭

关闭 KVM 开关。

7. 设备重启

(1)设备双系重启

在确认临时限速服务器中没有任何限速后才可对设备进行重启操作，如果有限速存在，需联系调度中心取消限速后再进行重启。

重启步骤如下：

①从左向右依次关闭电源机笼中的 6 个电源模块，从左向右依次关闭通信机笼两个电源开关。

②等待 1 min。

③从左向右依次开启电源机笼中的 6 个电源模块，从左向右依次打开通信机笼两个电源开关。

由于临时限速服务器重启后需要调度中心重新下发初始化命令，因此必须在重启前与调度中心确认沟通才可。

(2)设备单系重启

设备单系重启只针对备系而言，若需要重启的一系处于主系，需使用钥匙进行切系将其切换为备系。

重启步骤如下：

①关闭该系对应的电源模块(若重启 A 系，关闭电源模块 1、2；若重启 B 系，关闭电源模块 3、4)，关闭通信机笼中对应的电源开关(若重启 A 系，则关闭左下方电源；若重启 B 系，则关闭右下方电源)。

②等待 30 s。

③开启之前关闭的电源模块及通信机笼的电源开关。

(四)检查及维护

1. 设备的日常维护指导说明

(1)日常维护任务列表

设备日常维护分为每日维护和每月维护，应包括表 2-2-21 和表 2-2-22 所列内容，并做好维护记录。

表 2-2-21　每日维护任务列表

序号	维护内容
1	检查工作环境温度、湿度是否在规定范围内
2	查看设备有无局部过热、异常噪声或气味
3	巡视系统设备的运行状态，对照指示灯状态定义表查看设备指示灯状态是否异常
4	查看系统两系主备关系，与前一次记录对比，如有变化查找切换原因
5	查看维护终端的故障记录和报警信息，将情况记录在“系统运行工作日志”内，测试和分析报警情况，发现问题及时汇报处理

表 2-2-22　每月维护任务列表

序号	维 护 内 容
1	清扫机柜设备，对维护终端、键盘等设备进行除尘
2	切换系统主、备系，并记录
3	检查各接线端子连接是否松动，发现松动及时处理
4	检查柜内机笼、模块等各部分安装螺栓是否松动，发现松动及时处理

(2)日常维护材料清单(表 2-2-23)

表 2-2-23　日常维护材料清单

序号	材料清单	建　议
1	万用表	推荐 UT58E
2	工具箱	组合螺丝刀、尖嘴钳等

2. 设备的车间大修维护指导说明

(1)车间大修任务列表(表 2-2-24)

表 2-2-24　车间大修任务列表

维 修 内 容
检查锂电池、风扇、继电器、模块 PCB 等是否达到更换年限

(2)各设备器件的更换周期(表 2-2-25)

表 2-2-25　各设备器件的更换周期

序号	名称	更换周期	备　注
1	锂电池	5 年	安装于数据记录模块上
2	风扇	5 年	—
3	继电器	10 年	—
4	模块 PCB	10 年	—

(3)车间大修材料清单(表 2-2-26)

表 2-2-26　车间大修材料清单

序号	名　称	型　号	用　途
1	扭力螺丝批头	RNTD30CN	紧固螺钉
2	扭力螺丝批头	RNTD60CN	紧固螺钉
3	扭力螺丝批头	RNTD120CN	紧固螺钉
4	扭力螺丝批头	RNTD260CN	紧固螺钉
5	扭力螺丝批头	RNTD500CN	紧固螺钉
6	螺丝批头	B35，十字	适用 M2～M2.6 螺钉
7	螺丝批头	B35，十字	适用 M3～M5 螺钉
8	压线钳	Weidmuller CTI 6	冷压端子压接
9	4 号压线钳	WAGO	压接管状端子
10	组合工具箱	含 14 件(套)工具	产品维护

3. 备品备件

针对各个设备模块使用周期，应配备一定数量的备品备件，以防万一发生设备故障时，操作维护人员能够及时更换，保证临时限速服务器的正常运行。TSRS 备品备件种类见表 2-2-27。

表 2-2-27　TSRS 备品备件种类

序号	备品备件名称	型　号	更换周期	单　位
1	电源模块	TM451	10 年	6 块
2	主控模块	TM425	10 年	4 块
3	切换模块	TM427	10 年	2 块
4	通信模块	VG5	10 年	4 块
5	切换面板	TM434	10 年	1 块

【任务评价】

项目名称			任务名称	
小组成员			综合评分	
学生自评	理论任务完成情况			
	序号	知识考核点	自评意见	自评结果
	1	对临时限速服务器拆装		
	2	对临时限速服务器运转操作		
	3	对临时限速服务器检查维护		
学习小组评价	学习效率□　信息获取能力□　交流沟通能力□ （根据完成任务情况填写：A 优秀；B 良好；C 合格；D 有待改进）			
教师评价				

学习活动三　应答器测试

【准备材料或工具】

应答器测试需准备的工具有：应答器、LEU 地面电子单元、报文读写工具 TGP、报文读写工具 BEPT，如图 2-2-14 所示。

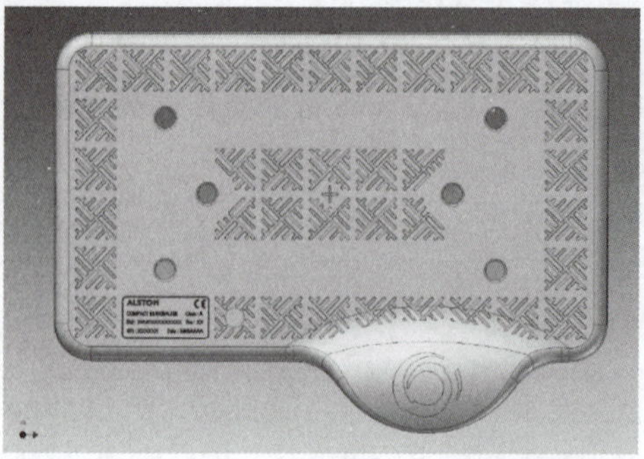

（a）应答器

（b）LEU地面电子单元

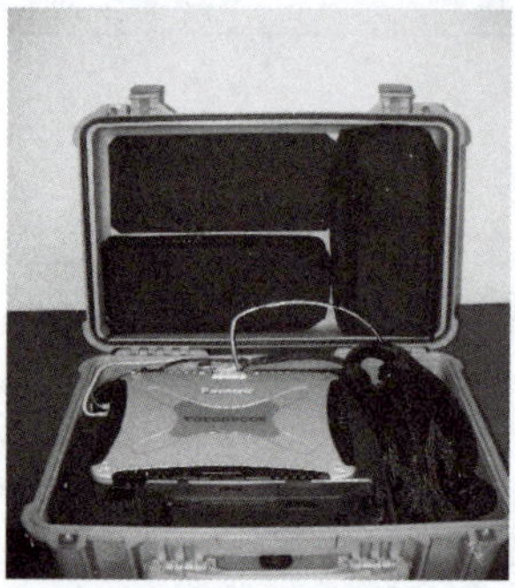

（c）报文读写工具TGP

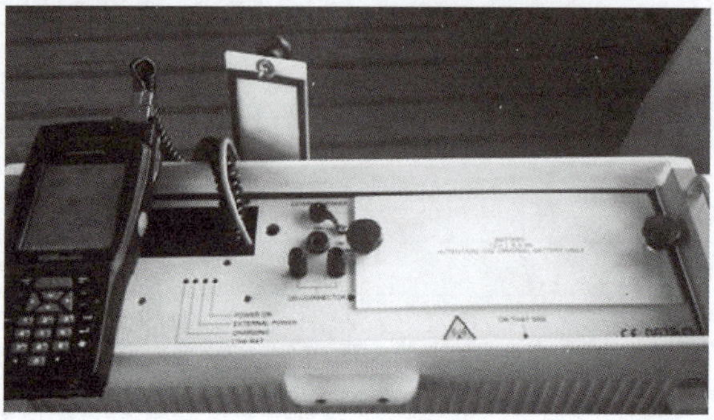

（d）报文读写工具BEPT

图 2-2-14　准备工具

【任务实施】

（一）应答器的测试（图 2-2-15）

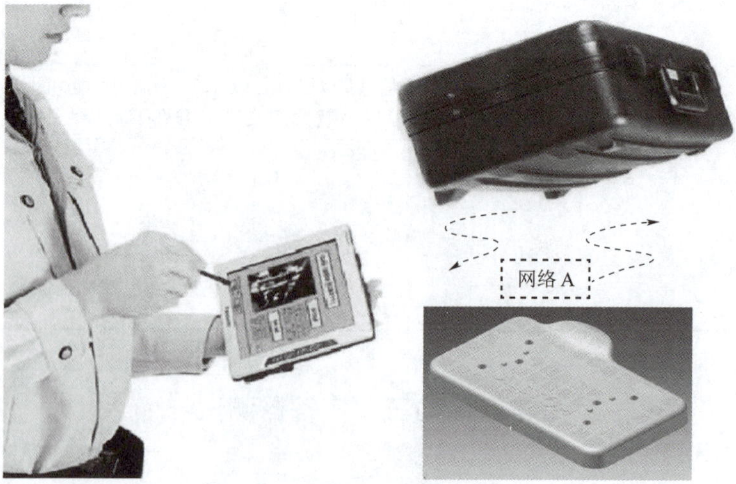

图 2-2-15　应答器测试示意

(1)验证应答器的安装位置。

①查看相关的线路公里标。

②测量应答器到公里标的距离。

(2)验证应答器的默认报文正确与否。

断开应答器和尾缆的连接。将 BEPT 直接放在应答器上，运行 BEPT 软件，读取报文，如图 2-2-16 所示。

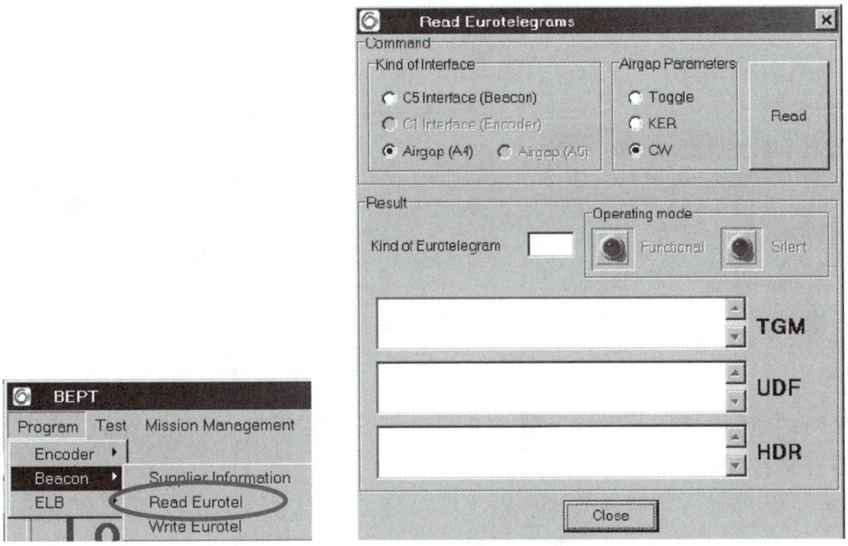

图 2-2-16　运用 BEPT 软件读取报文

(3)验证从电缆上读到的 LEU 发送到有源应答器的报文。

应用 BEPT 的 cubicle adapter 从尾缆(图 2-2-17)上读取 LEU 的报文。

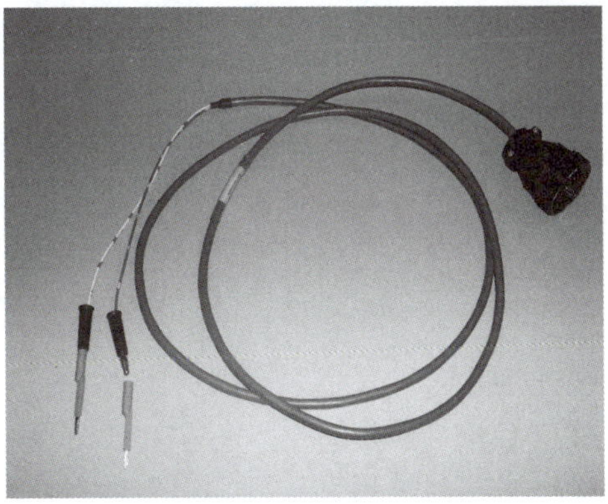

图 2-2-17　尾缆

(4)验证从有源应答器上读到的 LEU 传送过来的报文。

把尾缆和应答器接好，操作和读取默认报文一样，如图 2-2-18 所示。

(二)应答器的安装

安装前必须确认应答器标明的安装地点与实际安装地点一致。

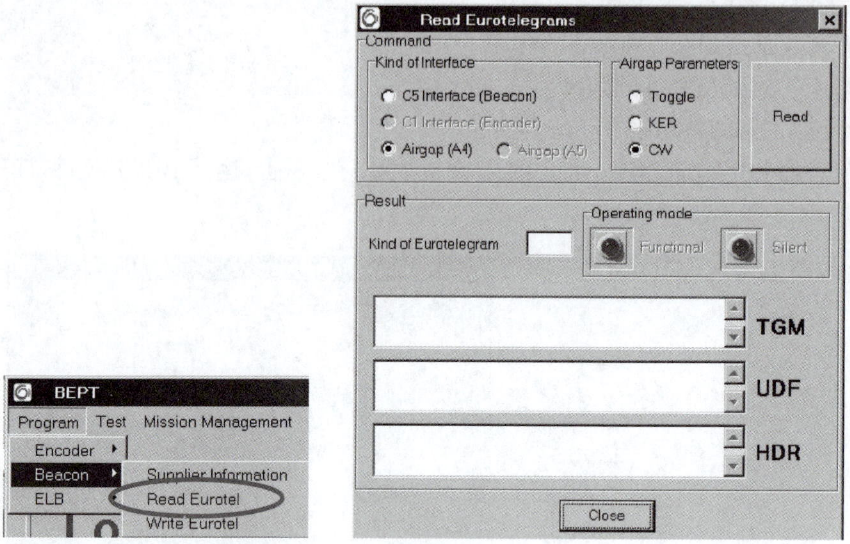

图 2-2-18　从有源应答器上读取报文

1. 方位

安装在两钢轨间的中央位置，小型应答器通常安装在横向。高速(260～350 km/h)线上要求应答器安装在纵向。

2. 间距

一个应答器组的数目为 2～8 个。

最高速度 180 km/h 线路上的两个连续的应答器间，从中心到中心的最小距离是 2.3 m。

最高速度 300 km/h 线路上的两个连续的应答器间，从中心到中心的最小距离是 3.0 m；最高速度 350 km/h 线路上的两个连续的应答器间，从中心到中心的最小距离是 5.0 m。

(三)应答器的维护

应答器本身是可更换、不可维修的产品。

1. 日常维护内容

(1)检查应答器的存在。

(2)检查应答器安装位置正确。

(3)检查安装架螺丝紧固。

(4)检查有源应答器尾缆连接紧固。

(5)在室内发送端测量接口 C 信号波形。

(6)在室外分线盒测量接口 C 信号波形。

2. 应答器日常养护工作内容及质量标准表

(1)应答器的组成应完整，包括应答器、安装装置及应答器的尾缆。

(2)应答器本身不能有破损。

(3)外观检查应答器是否松动，如有松动则紧固应答器固定螺栓。

(4)应答器表面不能有覆盖物，如石块、金属件等杂物。

(5)应答器表面不能有明显较厚的粉尘，如有则进行清扫，清扫不能损伤应答器表面。

(6)距应答器四周 0.3 m 范围内不能有金属杂物。

(7)有源应答器尾缆胶皮护管不能有穿透性损伤和明显老化,如有则进行更换。

(8)应答器安装符合标准(每季不少于一次)。

(9)应答器支座良好、不破损(每季不少于一次)。

3. 应答器故障维护

应答器设备的维护采用更换的方式进行维护。

当现场设备故障后,应利用报文读写工具,将故障应答器的报文写入新的备用应答器,并利用写好的报文应答器更新对应的故障应答器。

【任务评价】

<table>
<tr><td colspan="2">项目名称</td><td></td><td>任务名称</td><td></td></tr>
<tr><td colspan="2">小组成员</td><td></td><td>综合评分</td><td></td></tr>
<tr><td rowspan="5">学生自评</td><td colspan="4">理论任务完成情况</td></tr>
<tr><td>序号</td><td>知识考核点</td><td>自评意见</td><td>自评结果</td></tr>
<tr><td>1</td><td>应答器的测试</td><td></td><td></td></tr>
<tr><td>2</td><td>应答器的安装</td><td></td><td></td></tr>
<tr><td>3</td><td>应答器的维护</td><td></td><td></td></tr>
<tr><td>学习小组评价</td><td colspan="4">学习效率□　信息获取能力□　交流沟通能力□
(根据完成任务情况填写:A 优秀;B 良好;C 合格;D 有待改进)</td></tr>
<tr><td>教师评价</td><td colspan="4"></td></tr>
</table>

【任务关联知识】——列控现场设备介绍

(一)列控中心设备

TCC 是 CTCS-2 级列控系统地面子系统的核心部分。车站列控中心是设于各个车站的列控核心安全设备,采用冗余的硬件结构。车站列控中心与车站联锁、CTC/TDCS 设备接口,根据调度命令、进路状态、线路参数等产生进路及临时限速等相关控车信息,通过有源应答器传送给列车。

LKD2-Y 型列控中心主要由逻辑处理主机、I/O 采集和驱动单元、维护监测机、与其他系统的接口、电源等部分组成,系统结构如图 2-2-19 所示。

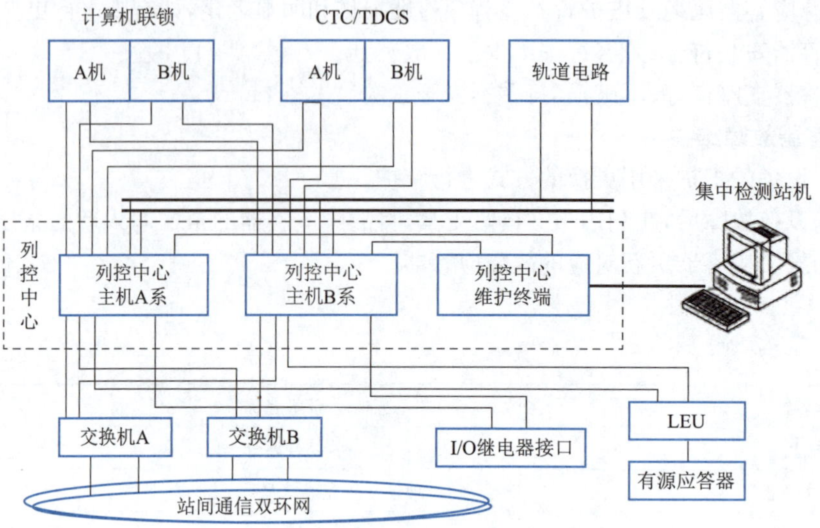

图 2-2-19 LDK2-Y 型列控中心系统结构

1. 逻辑处理主机

列控中心逻辑处理主机采用二乘二取二的可靠性与安全性冗余结构，逻辑处理主机 A、B 两系结构完全相同，互为备用；主备之间采用工控专用 ARCNET 网连接。每系采用双子系的二取二安全冗余结构，由专用的高性能计算双 CPU 独立运算，使用各自独立的两个双口 RAM 实现大容量信息快速交换，同步运行。采用软、硬件比较相结合的方式提高系统的安全性，两个 CPU 分别对运算结果进行软件比对，只有当比较一致时形成软件输出命令，同时两个 CPU 又分别将独立运算的结果发送给独立设置的硬件比较板，比较板对双 CPU 的输入信息进行比对，仅当比较一致时控制比较继电器吸起，比较保持继电器落下，切断对外的所有输出命令，因此只有在软、硬件均比较一致时才对外输出控制命令，确保系统安全。

2. 安全智能采集驱动模块

安全智能采集驱动模块主要负责列控中心与继电接口的输入/输出信息的采集和驱动。

采用 100%的双重系安全冗余结构，双 CPU 不对称同步运行，同时通过双 CPU 间比较校验来保证命令的正确执行。每个 CPU 通过双冗余 CAN 总线与列控中心的两路输出通信，并采用快速通道实现模块中双 CPU 之间的通信和完成信息采集和命令驱动。安全智能 I/O 模块直接受总线控制板的控制。

3. 与其他系统接口模块

列控中心为实现与 LEU、轨道电路、CTC、联锁、邻站列控中心通信设计了相应的接口板卡。与 LEU 通信接口单元用于与 LEU 进行安全数据通信，将 CPU 计算得到的应答器报文数据，通过安全协议传送给 LEU。LEU 接口单元提供 RS-422 或以太网两种接口，列控中心根据 LEU 的类型选择 RS-422 或以太网接口卡。每个接口模块可与 4 个 LEU 通信，可配置 4 个 LEU 通信接口卡，控制 16 个 LEU；与 CTC/TDCS 的接口单元采用 RS-422 通信方式；与轨道电路的接口采用 CAN 总线通信；与联锁的通信采用以太网或 RS-422；与邻站的通信采用以太网。

4. 双机切换单元

双机切换单元用于列控中心 A、B 机间的手动切换。列控中心设置主控(绿色)、备用(黄色)、离线(红色)三个工作状态指示灯及一个切换手柄,如图 2-2-20 所示。

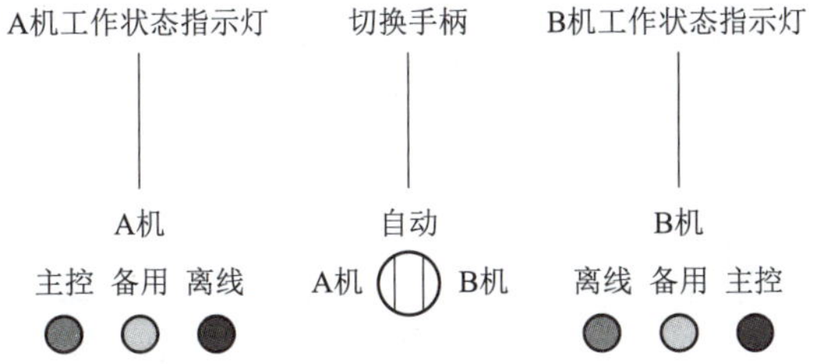

图 2-2-20　工作状态指示灯及切换手柄示意

5. 维护监测机

维护监测机为电务人员提供维护、记录功能,它包括 PC 系列的工业控制机及与其相连的屏幕显示器、鼠标等设备,维护终端采用高可靠性的工业控制计算机,硬件配置有工控机、主处理器(1 000 MHz)、方硬盘(40 GB)、内存(128 MB)、以太网卡、RS-422 通信卡、一体化键盘和液晶显示器。维护监测机实时接收列控中心发送的进路、应答器报文、轨道电路编码等信息,同时将有关的信息发送给集中监测系统,有利于系统故障诊断和事故分析。

6. 电源子系统

列控中心根据实际工程的需求确定是否配置 UPS。当配置 UPS 时,电源屏输入的 220 V 电源经过 UPS 给系统的 24 V 电源供电,维护终端及其他 220 V 供电的设备的输入电源也由 UPS 提供,用户可以通过开关选择使用 UPS A 或 UPS B 为其供电。为保证在 UPS 故障的情况下不影响系统工作,每台 UPS 都设置了工作检修开关,当不配置 UPS 时直接将电源屏提供的 220 V 电源作为 24 V 电源模块的输入端。列控中心共设置三组 24 V 电源,分别为逻辑电源、I/O 电源、LEU 电源。站间通信交换机及中继器的电源由电源屏提供两路独立的 24 V 电源。

7. 列控中心机柜设计

列控中心机柜设计按照有关标准执行,机柜尺寸为 2 250 mm(高)×800 mm(深)×600 mm(宽)。每个站的基本配置为一个主机柜、一个 LEU 机柜。机架采用结构合理、稳固可靠、可以调节高度的钢结构机架,并做了防锈处理,力求达到结构合理、外形美观、使用维护方便。

8. 列控中心运行环境及接地

(1)运行环境

①输入电压为 AC 220 V。

②温度范围为 0~55 ℃。

③机柜可用于符合规定的气候等级为 3K5 的集中机房,即温度范围为−5 ℃~+55 ℃,湿度<95%。

④大气压力为 74.8~106 kPa。

(2)系统接地

列控中心机柜中的防雷保护器接地端与防雷地线相连。一般情况下,系统要求接地电阻不大于 42 Ω,条件具备时接入综合地线或贯通地线。

(二)临时限速服务器系统

1. 临时限速服务器系统结构及接口(图 2-2-21 和图 2-2-22)

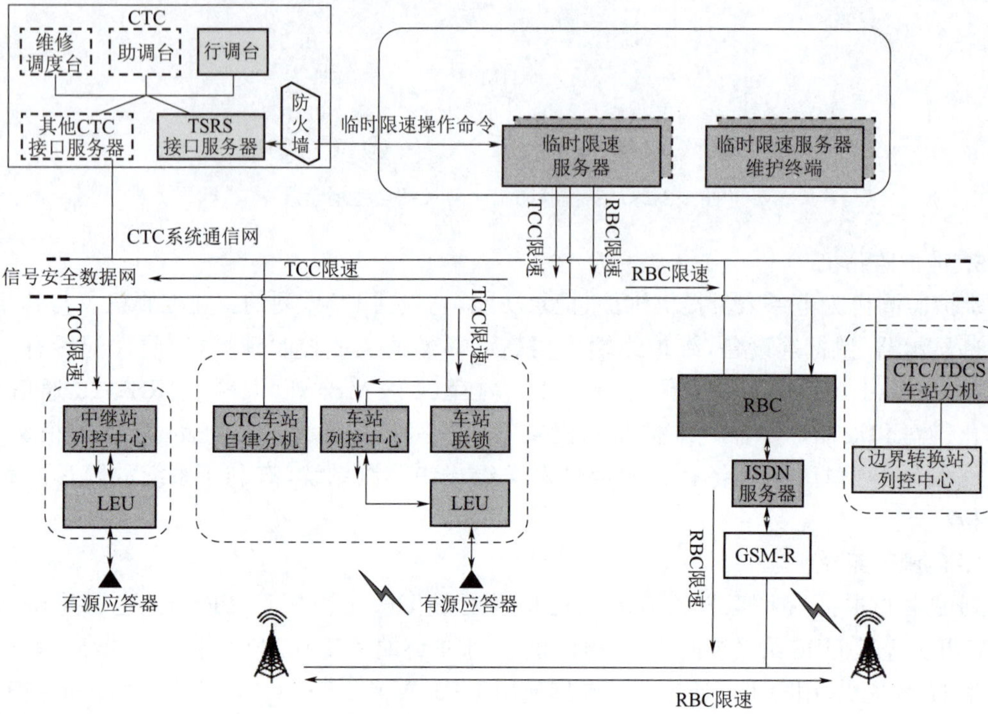

图 2-2-21 TSRS 的结构

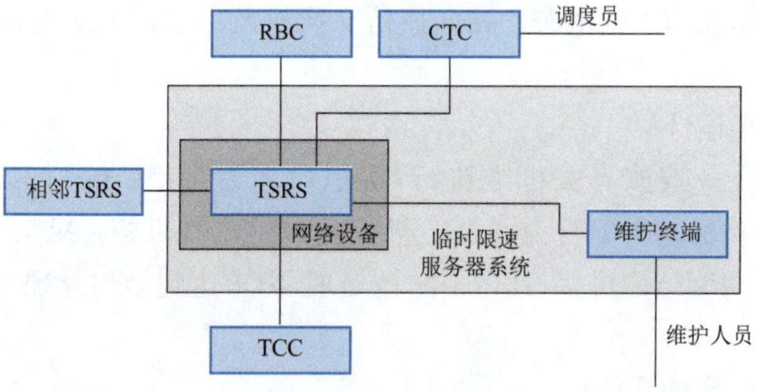

图 2-2-22 TSRS 的接口

(1)与 CTC 系统的接口

①CTC 向 TSRS 发送时钟信息、临时限速命令的拟定校验操作命令、临时限速命令列表的分类查询请求。

②TSRS 向 CTC 发送临时限速命令的执行结果、待执行临时限速命令列表、提示执行临时限速命令列表、正执行临时限速命令列表信息等。当 TSRS 与 CTC 系统通信中断时,将向 TSRS 发送报警信息。

(2)TCC 的接口

①TSRS 向 TCC 发送 TSR 刷新请求、TSR 验证命令、TSR 执行命令、线路限速状态初始

确认命令、边界 TSR 错误回执、TSRS 时钟信息等。

②TCC 向 TSRS 发送 TSR 状态、TSR 错误回执、请求验证边界 TSR 命令、请求执行边界 TSR 命令、TCC 应答器方向、TCC 闭塞分区状态信息等。

③若 TCC 收到一条临时限速指令，则 TCC 将在 1 s 内返回相应的执行结果。TSRS 与 TCC 通信中断时，TSRS 将向 TSRT、CTC 发送报警信息，TCC 将维持发送已经设置的临时限速信息。

(3)与 RBC 的接口

①RBC 向 TSRS 发送 TSR 状态、RBC 限速状态检测信息、TSR 错误回执信息等。

②TSRS 向 RBC 发送 TSR 刷新请求、TSR 验证命令、TSR 执行命令、线路限速状态初始确认命令等信息。若在 RBC 收到一条临时限速指令，则 RBC 将在 1 s 内返回相应的执行结果。TSRS 与 CTC 系统通信中断时，将向 CTC 发送报警信息，RBC 维持发送已经设置的临时限速信息。

(4)与相邻 TSRS 之间的接口

相邻 TSRS 间交换管辖边界相关的临时限速操作命令及临时限速执行结果信息，如果 TSRS 在 1 s 内没有通过某连接通道接收到来自相邻 TSRS 的消息，则 TSRS 认为该通道故障，如果 3 s 内没收到相邻 TSRS 的任何消息，则认为该相邻 TSRS 的通信中断，将向 CTC 发送报警。

2. TSRS 的工作原理(图 2-2-23)

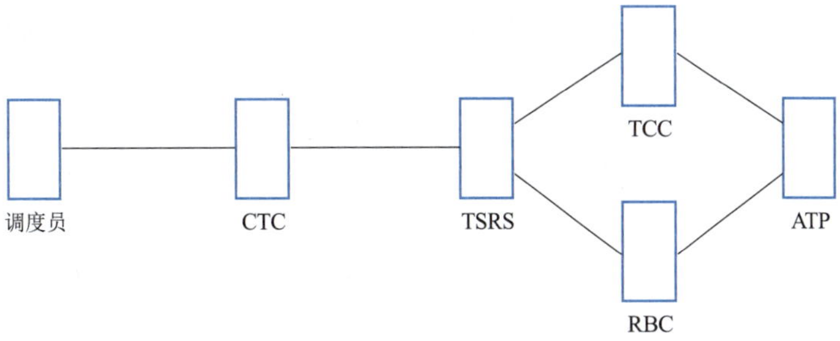

图 2-2-23　TSRS 的工作原理示意

CTC 负责拟定临时限速计划调度命令内容；TSRS 负责校验 TSR 命令，并分发给相关 TCC、RBC 执行；TCC 负责控制应答器传送相应的 TSR 信息给 CTCS-2 级列车；RBC 负责通过 GSM-R 传送相应的 TSR 信息给 CTCS-3 级列车。

装有 ATP 车载设备的列车收到 TSR 信息后，控制列车按限速要求运行。

TCC 根据进路状态、区间运行方向及临时限速指令等信息实时组帧生成用户报文(830 bit)，并编码生成相应的应答器报文(1 023 bit)，经 LEU 传输至有源应答器。

RBC 根据行车许可、临时限速指令等信息实时生成相应的无线消息，经 GSM-R 传输至车载设备。

TSRS 根据调度员的临时限速操作命令，实现对各 TCC、RBC 临时限速指令的分配和集中管理，保证施工限速计划的顺利实施。

3. 临时限速设置关键技术

TSRS 在保障列控限速设置的安全性上，主要实现了以下功能：

(1)能够对限速命令参数进行可执行性校验，有利于保证限速计划的有效性。

(2)能够对限速命令提供激活提示与设置提示功能，有利于保证限速生效的及时性。

(3)能够同时设置和取消 CTCS-2 级与 CTCS-3 级限速命令，有利于保证两种控车制式的一致性。

(4)能够存储列控限速命令参数，有利于保证限速命令的完整性，即使发生设备断电重启，仍不丢失。

(5)能够对限速命令执行状态进行综合判定，以便调度员确认限速命令的有效性。

(6)能够对 TCC、RBC 自动补发限速命令和初始化命令，有利于保证限速命令的完整性，并提高列控系统的可用性。

(三)地面电子单元 LEU

随着列车运行速度的不断提高，仅依靠轨道电路将闭塞信息传至车载设备的方式，在信息量方面已经不能满足列车安全高速行驶的要求，需要增加应答器设备向列控车载设备提供大量固定信息和可变信息。无源应答器用于发送固定不变的数据，如线路速度、等级切换等信息；有源应答器与 LEU 相连，用于发送来自 LEU 的报文，主要有进路信息和临时限速信息；LEU 周期接收来自车站列控中心的报文，并将其连续不断地向有源应答器发送。

1. LEU 类型

LEU 从功能上分为两种类型，即报文透明传输型 LEU 和报文存储型 LEU。LEU 可以是相同的硬件采用不同的软件配置，也可以是不同的硬件和软件配置。

报文透明传输型 LEU 通过串行通信接口周期从外部设备(TCC 和 CBI)接收应答器传输报文，按照接口 C 规定连续向有源应答器传输。

报文存储型 LEU 通过采取外部开关量输入条件或通过串行通信接口周期从外部设备接收输入条件，选取已存储在内部的与输入条件相对应的报文，按照接口 C 规定连续向有源应答器传输。

无论是报文透明传输型 LEU 还是报文存储型 LEU，每台 LEU 均有 4 路输出，能同时向 4 台有源应答器发送各自相对应的报文。

2. LEU 的功能

(1)接收外部发送的应答器报文并连续向应答器转发。

(2)当输入通道故障或 LEU 内部有故障时，向应答器发送预先存储的默认报文。

(3)当有车载天线经过有源应答器上方时，LEU 不转换新的报文。

(4)一台 LEU 可以同时向 4 台有源应答器发送不同信息内容的报文。

(5)设备自检及事件记录，并向外部设备上传。

3. LEU 的设置

LEU 集中设置在信号机械室。既有线的 LEU 集中设置在列控中心柜中。新建高速铁路车站的 LEU 设备全部放置在单独的 LEU 设备柜内，中继站的 LEU 设于 TCC 主备机柜内。与其控制的有源应答器之间采用双专用的数据传输电缆，连接电缆长度不应大于 2 500 m。

当室内机械师室与有源应答器间距离超过 LEU 对 C 接口电缆的限定值时，采用远程 LEU 控制柜方式。将 LEU 设置在靠近有源应答器的适当位置，TCC 或其他设备可通过光缆与 LEU 通信，如图 2-2-24 所示。

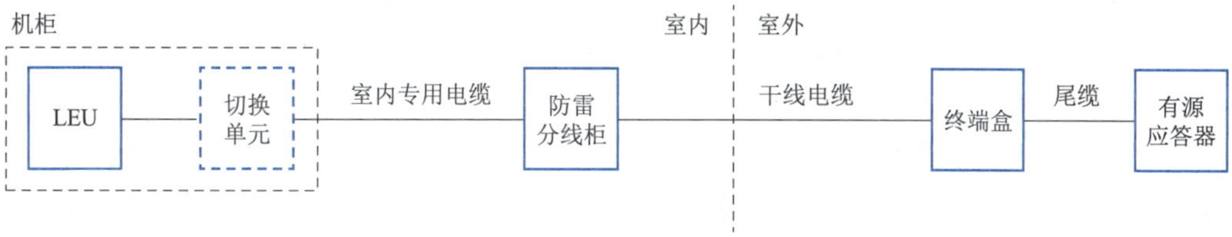

图 2-2-24　电缆连接示意图

(四)应答器

从 CTCS-1 级到 CTCS-4 级列控系统均需采用应答器提供大量与控车相关的信息,因此应答器是列控系统不可缺少的设备。本部分主要介绍应答器的分类、功能、工作原理及接口等。

1. 应答器分类

根据应答器传输报文是否可变分,分为固定信息应答器(无源应答器)、可变信息应答器(有源应答器)。

无源应答器用于发送固定不变的数据,如设置在区间,发送线路坡度、最大允许运行速度、轨道电路参数、列控等级切换等信息。无源应答器不需要电源供电,平时处于休眠状态,如图 2-2-25(a)所示。

有源应答器与 LEU 连接,用于发送来自 LEU 的报文,在既有线提速区段,有源应答器设置在车站进站端和出站端,主要发送进路信息和临时限速信息。有源应答器需要电源供电,通过电缆与地面电子单元 LEU 相连,如图 2-2-25(b)所示。

(a) 无源应答器

(b) 有源应答器

图 2-2-25　应答器

2. 应答器功能

应答器向列控车载设备传送以下信息:

(1)线路基本参数:如线路坡度、轨道区段等参数。

(2)线路速度信息:如线路最大允许速度、列车最大允许速度等。

(3)临时限速信息:当由于施工等原因引起的对列车运行速度进行限制时,向列车提供临时限速信息。

(4)车站进路信息:根据车站接发车进路,向列车提供线路坡度、线路速度、轨道区段等线路参数。

(5)道岔信息:给出前方道岔侧向允许列车运行的速度。

(6)特殊定位信息:如升/降弓、进/出隧道、鸣笛、列车定位等。

(7)其他信息:固定障碍物信息、列车运行目标数据、链接数据等。

3. 应答器工作原理

应答器采用电磁感应原理,用于在特定地点实现地面与列车间的相互通信,如图 2-2-26 所示。安装于两根钢轨中心枕木上的地面应答器不要求外加电源,平时处于休眠状态,每当列车经过应答器上方时,该应答器被激活,将数据报文循环发送出去。

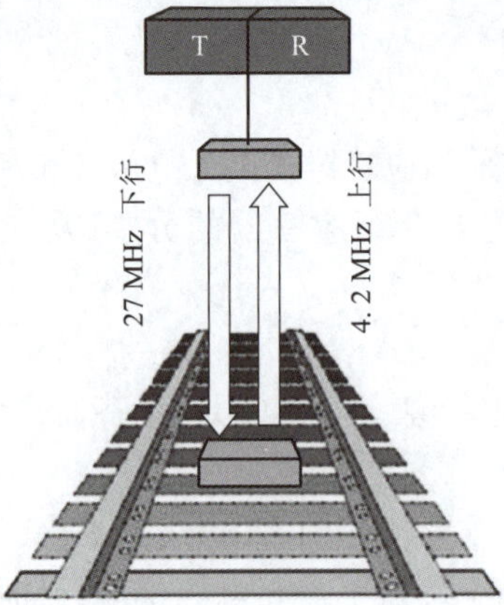

(a)

(b)

图 2-2-26 应答器工作原理图

4. 应答器的接口

应答器接口描述了应答器与其他设备的连接及报文的传输,如图 2-2-27 所示,主要有以下接口:

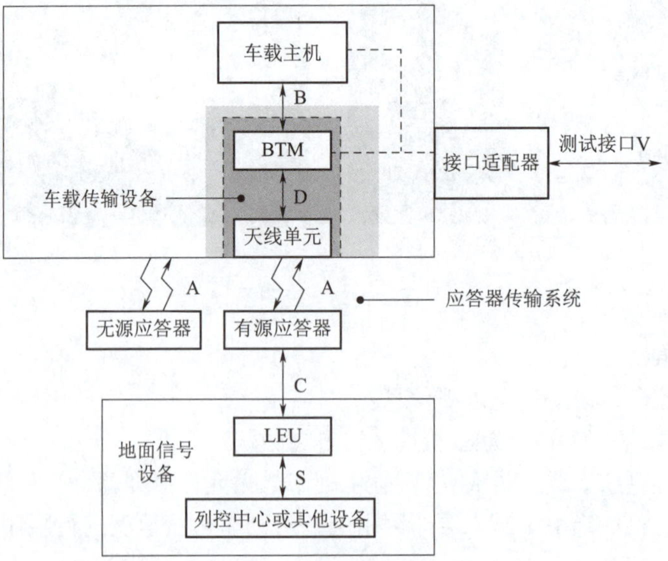

图 2-2-27 应答器传输系统接口

(1)A 接口——应答器与列控车载设备单元无线传输接口。

(2)B 接口——BTM 与车载核心(ATP)之间的接口。

(3)C 接口——LEU 与有源应答器间报文传输接口。

(4)D 接口——BTM 与天线单元间的接口,属于内部接口。

(5)S 接口——TCC 与 LEU 间串行通信接口,上行链路的数据输入。

【任务评价】

<table>
<tr><td colspan="2">项目名称</td><td></td><td>任务名称</td><td></td></tr>
<tr><td colspan="2">小组成员</td><td></td><td>综合评分</td><td></td></tr>
<tr><td rowspan="11">学生自评</td><td colspan="4">理论任务完成情况</td></tr>
<tr><td>序号</td><td>知识考核点</td><td>自评意见</td><td>自评结果</td></tr>
<tr><td>1</td><td>对列控中心进行操作和维护;
对典型故障进行判断检修</td><td></td><td></td></tr>
<tr><td>2</td><td>对临时限速服务器操作和维护;
能装卸设备</td><td></td><td></td></tr>
<tr><td>3</td><td>对应答器进行测试、安装和维护</td><td></td><td></td></tr>
<tr><td colspan="4">训练任务完成情况</td></tr>
<tr><td>项目</td><td>内容</td><td>评价标准</td><td>自评结果</td></tr>
<tr><td>训练准备</td><td></td><td></td><td></td></tr>
<tr><td>训练方法</td><td></td><td></td><td></td></tr>
<tr><td>质量考核</td><td></td><td></td><td></td></tr>
<tr><td>安全考核</td><td></td><td></td><td></td></tr>
<tr><td>学习小组评价</td><td colspan="4">团队合作□　动手操作能力□　信息获取能力□　交流沟通能力□
(根据完成任务情况填写:A 优秀;B 良好;C 合格;D 有待改进)</td></tr>
<tr><td>教师评价</td><td colspan="4"></td></tr>
</table>

【练习与思考】

1. 试列举列控中心与其他地面设备之间的接口(至少 5 个),说明各接口传递的信息。

____

____

____

____

2. 临时限速服务器的工作原理是什么？

____

____

____

____

3. 有源应答器和无源应答器有何不同？

____

____

____

____

4. 地面电子单元的功能是什么？

____

____

____

____

任务三　CTCS-2 级列控系统车载设备维护

【任务导入】

CTCS2-200C 型 ATP 车载设备是按照 CTCS-2 级标准设计的列控车载设备，它与地面设备配合使用，根据地面数据和轨道占用情况，实时计算出列车安全运行速度曲线，同时监测列车的运行速度。当列车速度超出安全速度曲线时，自动输出制动命令使列车减速或停车。

【任务目标】

1. 掌握 CTCS2-200C 型车载设备基本知识及维护要点。
2. 掌握 CTCS2-200C 型车载设备维护要点。
3. 能对 CTCS2-200C 型车载设备进行操作和维护。
4. 具备现场安全作业意识。

【准备材料及工具】

CTCS-2 级列控系统车载设备维护需准备的材料及工具见表 2-3-1。

表 2-3-1　准备材料及工具

序号	类别	名　称	用　途
1	日常工具	工具箱(含工具)	检修时设备安装和拆卸工具
2		对讲机	检修时车上车下配合
3		强光手电筒	检修时防止车上无照明
4		插线板	检修时防止车载未供高压时从车下取电

续上表

序号	类别	名　称	用　途
5	日常工具	吸尘器	用于设备除尘
6		笔记本电脑(含专用软件)	用于下载和分析数据,以及动、静态调试
7	仪器仪表	万用表	电压、电阻测量
8		数字兆欧表	用于绝缘测试
9		无源应答器(含报文)	用于 BTM 接收应答器信息测试
10		便携式机车信号发码器	用于测试环线故障时轨道信号发码测试
11	防护工具	防静电托盘	静电防护
12		防静电插件周转箱	静电防护
13		防静电台垫	静电防护
14		防静电毛刷	静电防护
15		防静电工作服	静电防护
16		防静电口罩	静电防护
17		防静电手套	静电防护
18		防静电鞋	静电防护
19		防静电抹布	静电防护
20		安全帽	作业防护

学习活动一　SAM/MID 数据下载、擦除及分析

【任务实施】

CTCS2-200C 型车载设备的运行记录包括 SAM(运行数据)、MID(故障数据)两种,存储在 CCTE A/B 两块插件内部,需要使用安装有 PCSAM 软件的 PC 机通过 CCTE 数据下载线分别从这两个插件下载。SAM/MID 数据下载操作流程如图 2-3-1 所示。

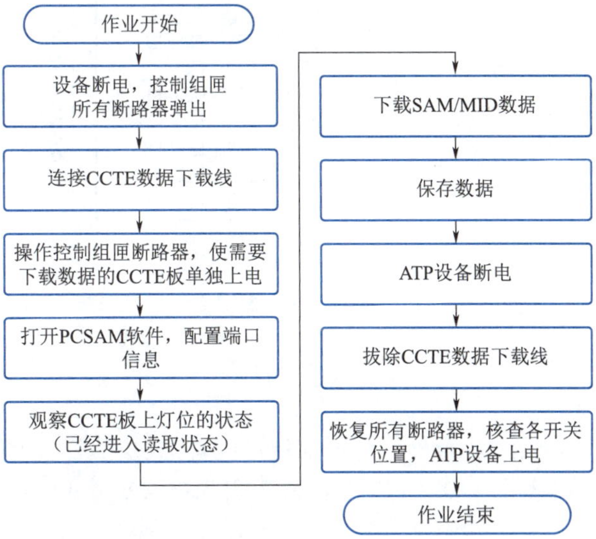

图 2-3-1　SAM/MID 数据下载操作流程

如无特殊说明，建议使用最新版本 PCSAM 软件，软件版本查看方法如图 2-3-2 所示。

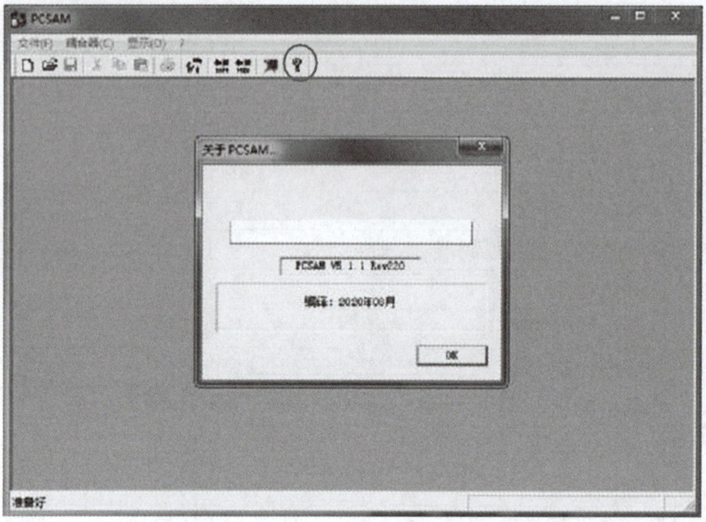

图 2-3-2　PCSAM 软件版本查看方法

数据下载步骤介绍如下。

(一)设备连接

在 ATP 设备断电状态下，将 CCTE 插件的 J2 口和 PC 机的串口用 CCTE 数据下载线进行连接。将控制组匣上 8 个电源保护断路器拔出。下载数据时需要给 ATP 设备上电，并按下控制组匣上的相应电源断路器(A 系对应“主机 1”断路器，B 系对应“主机 2”断路器)。CCTE 插件上电后，等待大约 10 s，当 CCTE 板上左列第三个“1”灯和右列第三个“ER”灯交替闪烁时，表示该 CCTE 板进入数据下载和擦除模式，如图 2-3-3 所示。

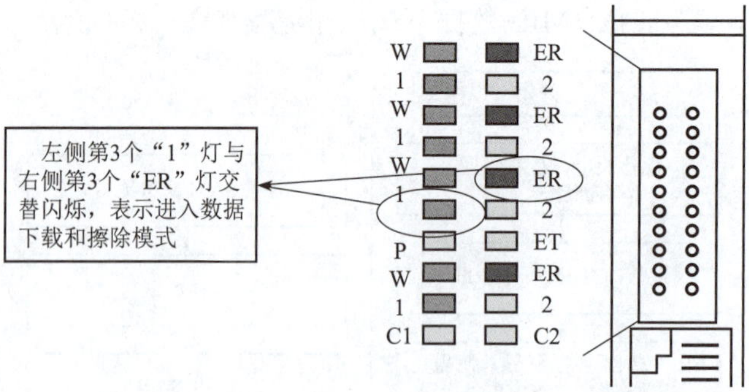

图 2-3-3　CCTE 插件数据读写模式灯显示意

(二)配置

打开 PCSAM 软件，单击“耦合器”→“通信端口配置”或快捷栏“配置”图标，按照图 2-3-4 进行设置，如果电脑中有多个 COM 口，注意确认实际连接的串口与“选择端口”中设置得一致。

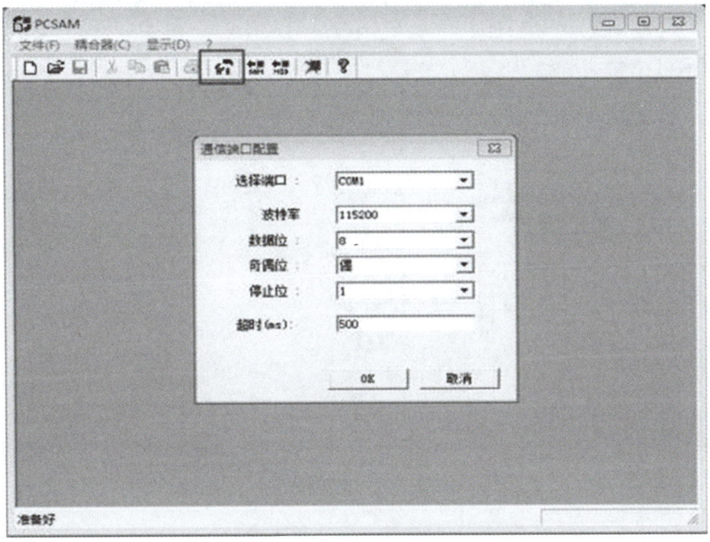

图 2-3-4　PCSAM 端口配置

(三)SAM 数据下载

单击 PCSAM 软件快捷栏中的“SAM 数据下载”图标，可进行 SAM 数据下载，软件会自动弹出选择 SAM 数据覆盖时间界面(注：覆盖时间是指设备实际运行的时间，比如某套设备近两天共计运行大约 18 h，那么如果需要下载两天的运用数据，则选择稍大于 18 h 的时间值即可)，选择好覆盖时间并确认后，数据开始下载并显示下载进度条。数据下载完毕后，需要根据 CCTE 所在系进行人工选择，如图 2-3-5 所示。

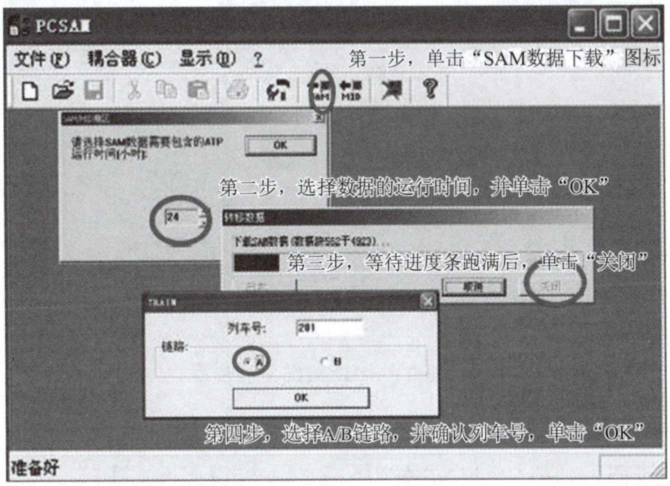

图 2-3-5　SAM 数据下载步骤

数据下载后，单击 PCSAM 软件菜单栏“文件”→“保存”或者快捷栏中的“保存”图标，选择好目录并单击“确定”按钮后，软件会自动将刚下载的数据以“年月日-车号-端号”的格式命名并存储到指定的目录中，如图 2-3-6 所示。

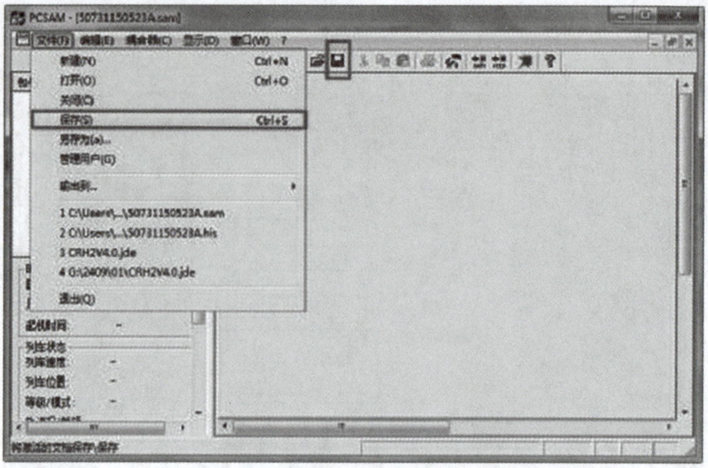

图 2-3-6　数据保存

(四)MID 数据下载

如前正确连接、设置并确定插件进入数据读写模式后，单击 PCSAM 软件快捷栏中的“MID 数据下载”图标，可进行 MID 数据下载。下载时需要选择 MID 数据覆盖时间(MID 数据下载只有“15 天”和“全部”两种选择)。数据下载过程中会显示下载进度条。数据下载完毕后，需要根据 CCTE 所在系进行人工选择，如图 2-3-7 所示。

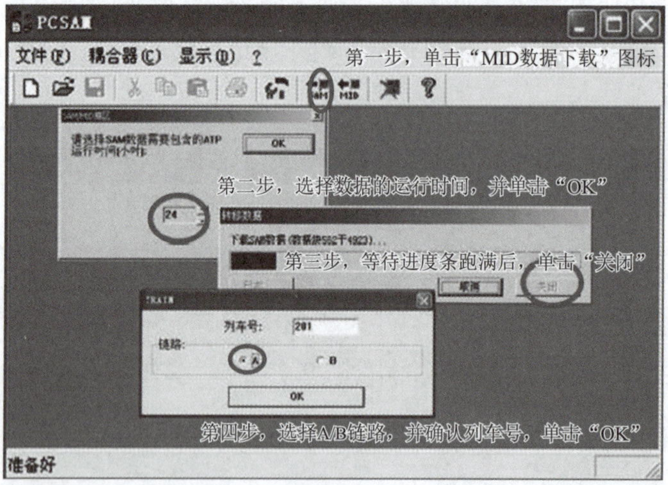

图 2-3-7　MID 数据下载步骤

数据下载后，单击 PCSAM 软件“文件”→“保存”或者快捷菜单中的“保存”图标，选择好目录并单击“确定”按钮后，软件会自动将刚下载的数据以“年月日-车号-端号”的格式命名并存储到指定的目录中。

(五)数据擦除

数据下载完毕后，如无特别需要，建议及时擦除运用数据记录，可以有效减少下一次数据下载的耗时。正确连接、设置并确定插件进入数据下载和擦除模式后，单击工具栏中的“擦除”图标，选择“SAM 数据”，单击“OK”，等待进度条显示完成，单击“OK”，然后断电及上电，再次单击工具栏中的“擦除”图标，选择 “MID1 数据”“MID2 数据”，单击“OK”，等待进度条显示完成即可，如图 2-3-8 所示。

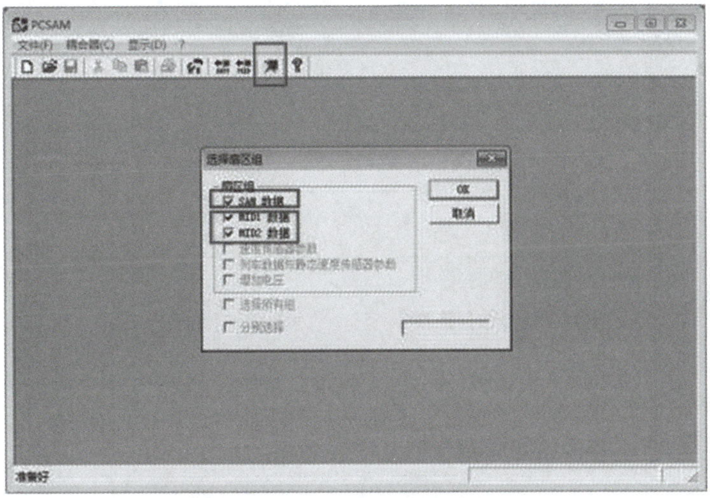

图 2-3-8 数据擦除界面

（六）恢复设备

数据擦除后，ATP 设备断电，将控制组匣各断路器恢复至正常状态。恢复断路器后，需要对 ATP 设备进行上电测试，并确定 ATP 设备自检正常，进入待机模式。

（七）数据分析

下载 SAM/MID 数据后，使用“200C 数据分析软件”进行运用分析，分析软件界面如图 2-3-9 所示。

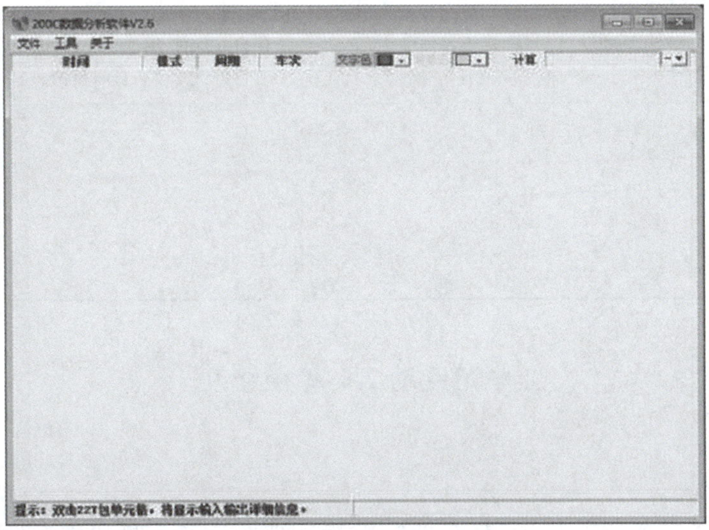

图 2-3-9 200C 数据分析软件界面

【任务评价】

<table>
<tr><td>项目名称</td><td colspan="2"></td><td>任务名称</td><td></td></tr>
<tr><td>小组成员</td><td colspan="2"></td><td>综合评分</td><td></td></tr>
<tr><td rowspan="15">学生自评</td><td colspan="4">理论任务完成情况</td></tr>
<tr><td>序号</td><td>知识考核点</td><td>自评意见</td><td>自评结果</td></tr>
<tr><td>1</td><td>SAM/MID 数据下载</td><td></td><td></td></tr>
<tr><td>2</td><td>SAM/MID 数据擦除</td><td></td><td></td></tr>
<tr><td>3</td><td>SAM/MID 数据分析</td><td></td><td></td></tr>
<tr><td colspan="4">训练任务完成情况</td></tr>
<tr><td>项目</td><td>内容</td><td>评价标准</td><td>自评结果</td></tr>
<tr><td>训练准备</td><td></td><td></td><td></td></tr>
<tr><td>训练方法</td><td></td><td></td><td></td></tr>
<tr><td>质量考核</td><td></td><td></td><td></td></tr>
<tr><td>安全考核</td><td></td><td></td><td></td></tr>
<tr><td>学习小组评价</td><td colspan="4">团队合作□　动手操作能力□　信息获取能力□　交流沟通能力□
（根据完成任务情况填写：A 优秀；B 良好；C 合格；D 有待改进）</td></tr>
<tr><td>教师评价</td><td colspan="4"></td></tr>
</table>

学习活动二　轮径修改

【任务实施】

CTCS2-200C 车载设备的轮径值存储在机柜内部的 CBAT 模块中，该模块通过 CBCH 插件进行读写，因此轮径的修改是使用安装有 PCSAM 软件的 PC 机通过并口及 CBCH 编程线连接到 CBCH 插件进行操作的。A/B 系各有一个 CBAT 模块,需要分别进行修改并保持一致,否则将导致系统无法正常运行。读写过程使用 PC 机 USB 接口供电,ATP 主机无须上电,操作步骤介绍如下。

(一)准备工作

准备工作包括硬件准备和软件准备两方面,其中硬件需准备的设备有:CBCH 编程线、带并口的 PC 机、轮径修改专用权限 U 盘;软件需要准备 PCSAM 软件。

(二)硬件连接

在 ATP 设备断电状态下,将 CBCH 编程线 25 芯接口与 PC 机并口连接,USB 接口与 PC 机连接,15 芯接口与 A 系(或 B 系)CBCH2 插件 J1 接口连接,然后在 PC 机上插入权限 U 盘,如图 2-3-10 所示。

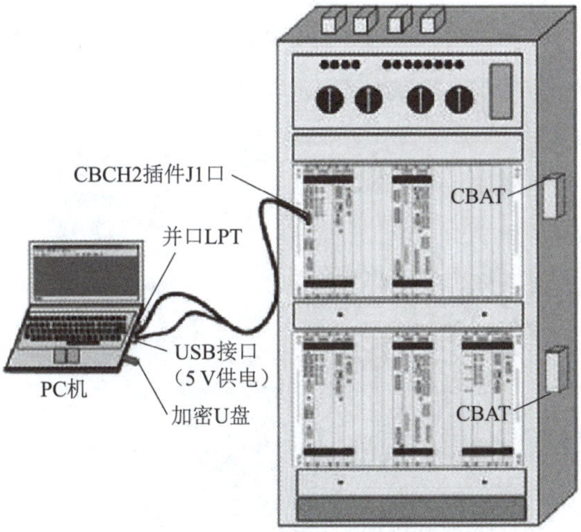

图 2-3-10 轮径修改硬件连接示意

(三)软件端口配置

打开 PCSAM 软件,单击“耦合器”→“通信端口配置”,将“选择端口”中的项目调整为:LPT1,如图 2-3-11 所示。

(四)从 CBAT 中读取参数

单击菜单栏“耦合器”→“在 CBAT 中充入列车参数”,弹出“将机车参数写入 CBAT”对话框,设置好“读取 JDx”下的列车参数存储路径(注意:路径不允许出现汉字),单击“读取 CBAT”,如图 2-3-12 所示。数秒后,界面中进度条提示完成,同时提示“read JDE/JDT/JDO OK”。打开存储路径指定的文件夹,可以看到 3 个文件,后缀名分别为 jde、jdt、jdo。

(五)修改轮径值

将后缀名为 jdo 的文件,拖入 PCSAM 软件界面,软件会提示输入用户名,在框中输入“sam004”即可,注意区分字母大小写,如图 2-3-13 所示。

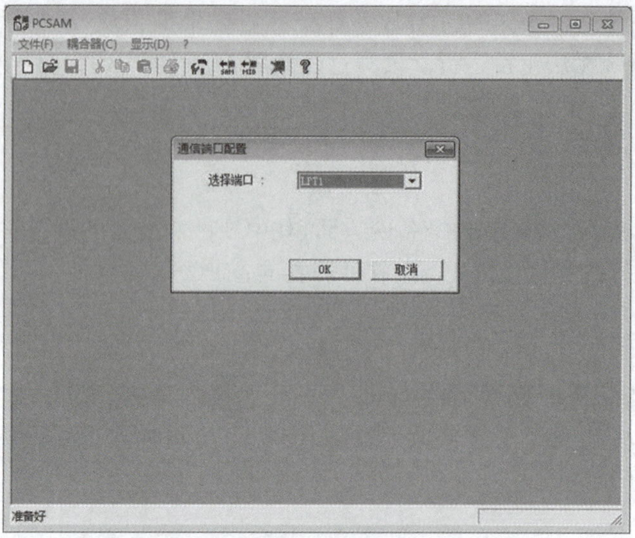

图 2-3-11　端口配置

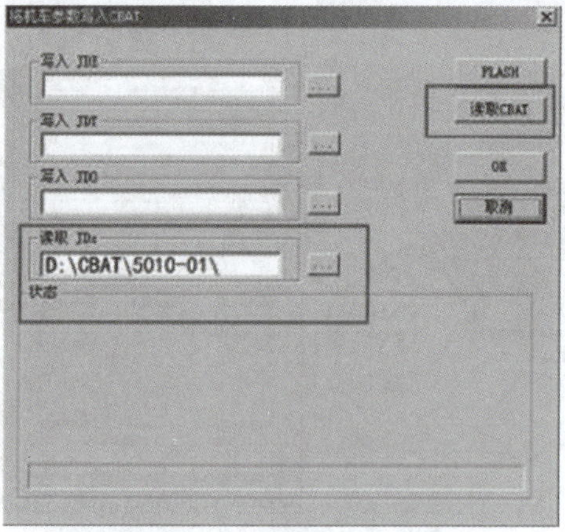

图 2-3-12　参数读取界面

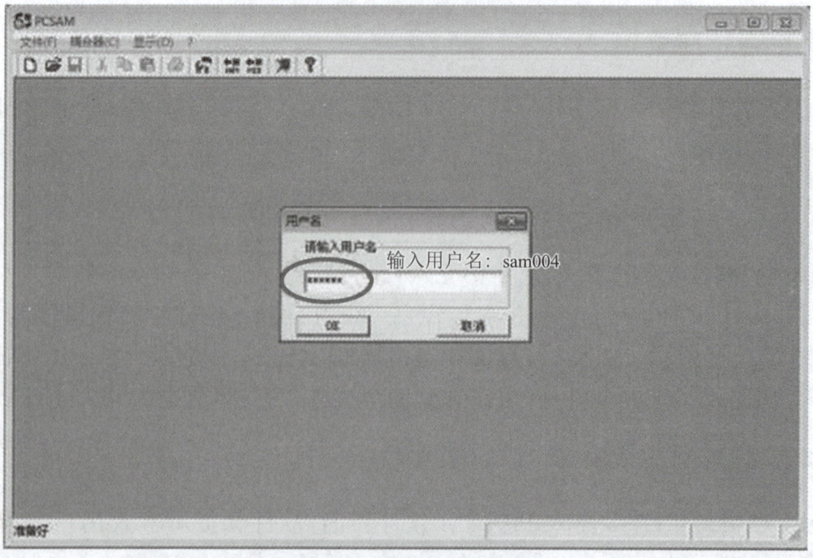

图 2-3-13　用户名输入界面

轮径文件打开后，可以看到图 2-3-14 所示的界面。

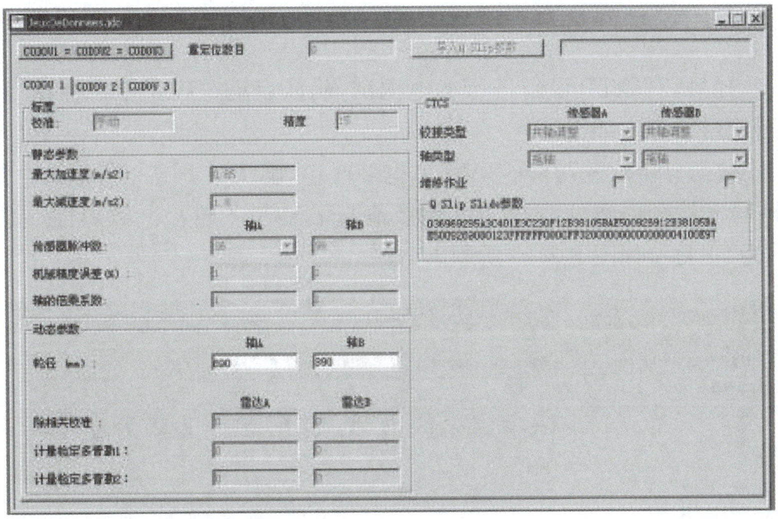

图 2-3-14　轮径值修改界面

将获取的车辆 A 轴轮径值和 B 轴轮径值分别填入“轴 A”和“轴 B”轮径框中，这时软件会自动提示“CODOU1、CODOU2、CODOU3 不相等！”同时界面左上角的“CODOU1＝CODOU2＝CODOU3”按钮变为红色，单击该按钮，确认其变为绿色即可，然后单击快捷菜单中的“保存”图标，便可将轮径值保存到 JDO 文件中。

注意：软件界面中的轮径值仅支持整数，若获取的轮径值有小数部分，按四舍五入处理。

PCSAM 软件支持的轮径值范围是 780～1 300 mm。

（六）向 CBAT 中写入参数文件

单击菜单栏“耦合器”→在“CBAT 中充入列车参数”，弹出“将机车参数写入 CBAT”对话框，分别单击“写入 JDE”“写入 JDT”“写入 JDO”右侧的按钮，定位到读取参数时的目录，并选择相应的文件，单击“FLASH”按钮，如图 2-3-15 所示。数秒后，界面中进度条提示完成，同时有相应的文字信息提示。

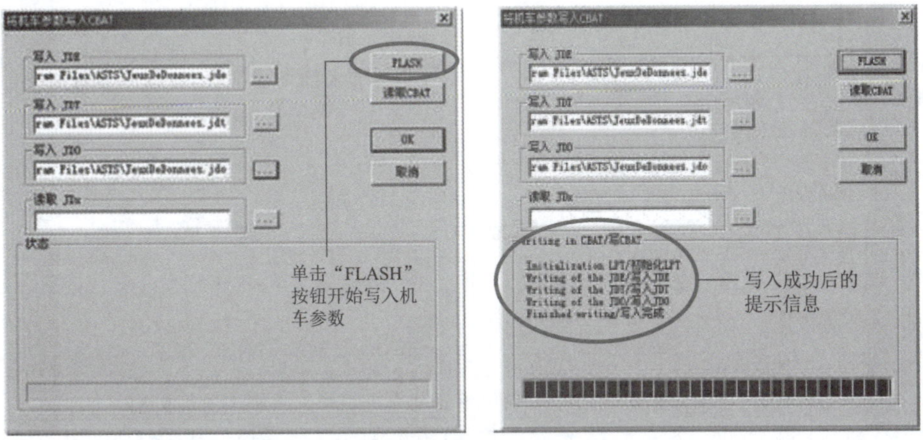

（a）　　（b）

图 2-3-15　参数写入界面

将电缆连接到另一系的 CBCH 插件后，再进行一次同样的写入过程。

（七）复核轮径及备份参数

修改完成轮径后，对 ATP 设备进行上电测试，确认启动过程正常。测试完毕后，下载运行数据进行轮径复核，方法如下：

使用“200C 数据分析软件”打开 SAM 数据 205 包，确认最下方一条记录中的 A1、A2、A3 轮径值与 A 轴写入轮径一致，B1、B2、B3 轮径值与 B 轴写入轮径一致，且读取状态 A1/A2/B1/B2 均显示为“正常”，如图 2-3-16 所示。

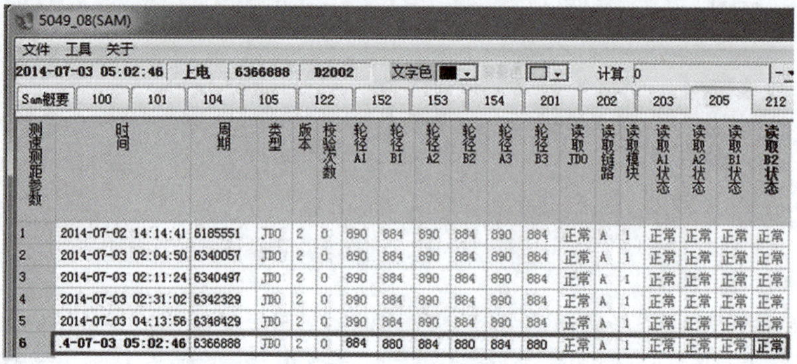

测速测距参数	时间	周期	类型	版本	校验次数	轮径A1	轮径B1	轮径A2	轮径B2	轮径A3	轮径B3	读取JDO	读取链路	读取模块	读取A1状态	读取A2状态	读取B1状态	读取B2状态
1	2014-07-02 14:14:41	6185551	JDO	2	0	890	884	890	884	890	884	正常	A	1	正常	正常	正常	正常
2	2014-07-03 02:04:50	6340057	JDO	2	0	890	884	890	884	890	884	正常	A	1	正常	正常	正常	正常
3	2014-07-03 02:11:24	6340497	JDO	2	0	890	884	890	884	890	884	正常	A	1	正常	正常	正常	正常
4	2014-07-03 02:31:02	6342329	JDO	2	0	890	884	890	884	890	884	正常	A	1	正常	正常	正常	正常
5	2014-07-03 04:13:56	6348429	JDO	2	0	890	884	890	884	890	884	正常	A	1	正常	正常	正常	正常
6	.4-07-03 05:02:46	6366888	JDO	2	0	884	880	884	880	884	880	正常	A	1	正常	正常	正常	正常

图 2-3-16 轮径复核界面

确认无异常后，将三个文件备份以备查验。

【任务评价】

<table>
<tr><td colspan="2">项目名称</td><td></td><td>任务名称</td><td></td></tr>
<tr><td colspan="2">小组成员</td><td></td><td>综合评分</td><td></td></tr>
<tr><td rowspan="10">学生自评</td><td colspan="4">理论任务完成情况</td></tr>
<tr><td>序号</td><td>知识考核点</td><td>自评意见</td><td>自评结果</td></tr>
<tr><td>1</td><td>轮径修改</td><td></td><td></td></tr>
<tr><td colspan="4">训练任务完成情况</td></tr>
<tr><td>项目</td><td>内容</td><td>评价标准</td><td>自评结果</td></tr>
<tr><td>训练准备</td><td></td><td></td><td></td></tr>
<tr><td>训练方法</td><td></td><td></td><td></td></tr>
<tr><td>质量考核</td><td></td><td></td><td></td></tr>
<tr><td>安全考核</td><td></td><td></td><td></td></tr>
<tr><td colspan="4"></td></tr>
<tr><td>学习小组评价</td><td colspan="4">团队合作□　动手操作能力□　信息获取能力□　交流沟通能力□
（根据完成任务情况填写：A 优秀；B 良好；C 合格；D 有待改进）</td></tr>
<tr><td>教师评价</td><td colspan="4"></td></tr>
</table>

学习活动三　DMI 日志下载

【任务实施】

（一）准备工作

下载 DMI 日志只需要一个专用 U 盘，可准备一个 2 GB 以上普通 U 盘。

为防止造成数据混乱，下载日志前还需要确认 U 盘根目录下没有 log. bak. X（X＝1，2，3）文件，若有，则需要进行删除。

（二）日志下载

在 DMI 断电情况下，将专用 U 盘插入 DMI 背部的 USB 接口上，然后闭合 DMI 电源，约 1 min 后，即可进入维护界面，如图 2-3-17 所示。

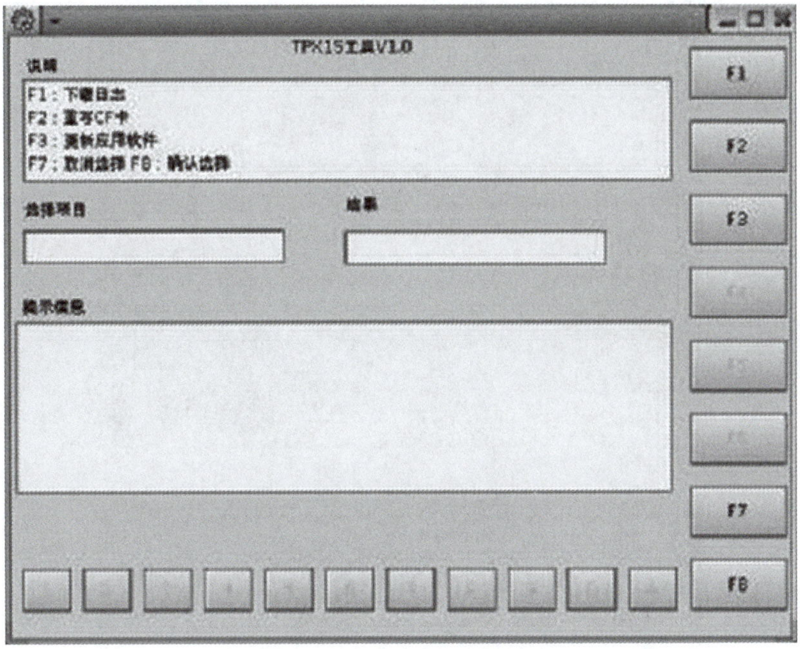

图 2-3-17　DMI 维护界面

按压“F1”按钮，选择“F1：下载日志”功能，界面中按钮“F1”的字样会变成蓝色，如图 2-3-18 所示。

按压“F8”按钮，确认日志下载。如果界面提示框中提示信息“没有日志可以下载”，如图 2-3-19(a)所示，说明 DMI 中未记录任何日志内容。如果界面提示框中提示信息“下载日志名为 log. bak. 1”，如图 2-3-19(b)所示，说明日志下载成功且以“log. bak. 1”文件夹的形式保存在 U 盘根目录下，此时便可以关闭 DMI 电源了。

在电脑上查看 U 盘内容，应可以找到 log. bak. 1 文件夹，如图 2-3-20 所示。

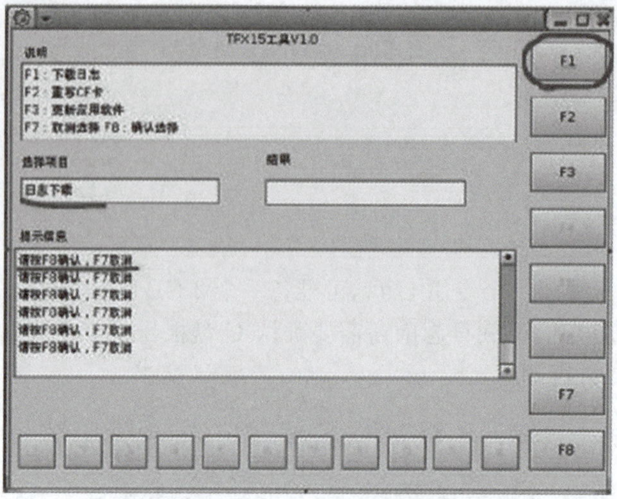

图 2-3-18　选择“F1：下载日志”后界面

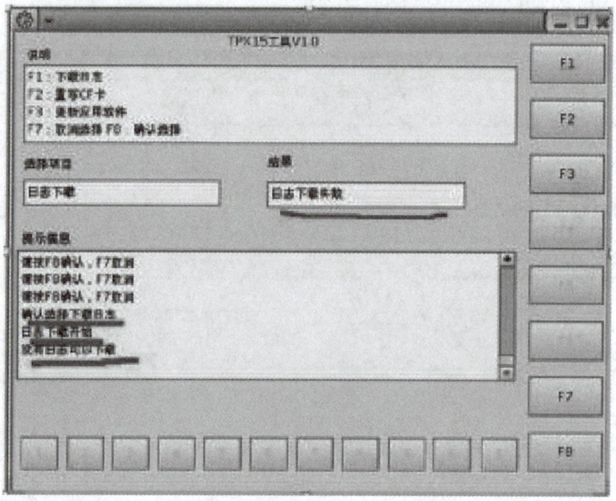

（a）

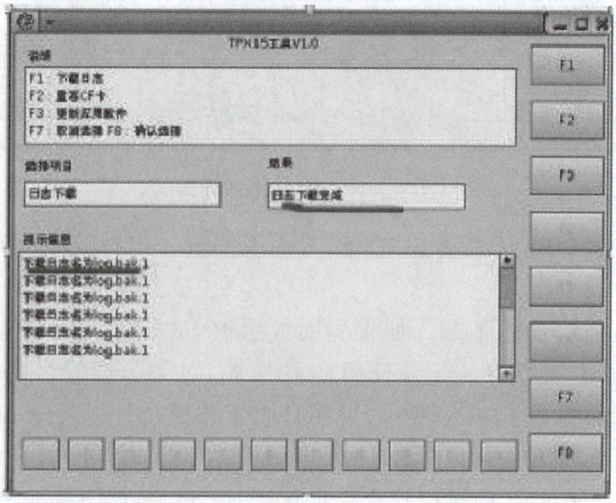

（b）

图 2-3-19　下载日志

图 2-3-20　日志文件保存在 U 盘中根目录下

(三)日志转储

为防止日志文件混乱或丢失,应及时将 U 盘中的 log.bak.1 文件夹全部转移到电脑中存储。

【任务评价】

<table>
<tr><td colspan="2">项目名称</td><td></td><td>任务名称</td><td></td></tr>
<tr><td colspan="2">小组成员</td><td></td><td>综合评分</td><td></td></tr>
<tr><td rowspan="12">学生自评</td><td colspan="4">理论任务完成情况</td></tr>
<tr><td>序号</td><td>知识考核点</td><td>自评意见</td><td>自评结果</td></tr>
<tr><td>1</td><td>DMI 日志下载</td><td></td><td></td></tr>
<tr><td>2</td><td>DMI 日志转存</td><td></td><td></td></tr>
<tr><td colspan="4">训练任务完成情况</td></tr>
<tr><td>项目</td><td>内容</td><td>评价标准</td><td>自评结果</td></tr>
<tr><td>训练准备</td><td></td><td></td><td></td></tr>
<tr><td>训练方法</td><td></td><td></td><td></td></tr>
<tr><td>质量考核</td><td></td><td></td><td></td></tr>
<tr><td>安全考核</td><td></td><td></td><td></td></tr>
<tr><td colspan="4" style="display:none"></td></tr>
<tr><td colspan="4" style="display:none"></td></tr>
<tr><td>学习小组评价</td><td colspan="4">团队合作□　动手操作能力□　信息获取能力□　交流沟通能力□
(根据完成任务情况填写:A 优秀;B 良好;C 合格;D 有待改进)</td></tr>
<tr><td>教师评价</td><td colspan="4"></td></tr>
</table>

学习活动四　设备拆装

【任务实施】

(一)机柜连接器拆装

1. 连接器拔出

CTCS2-200C 型车载设备使用的是 DC 110 V 电源,为保证人员安全,同时防止设备损坏，需确定电源已经断开后再进行连接器拔出操作。连接器拔出的步骤如下：

(1)向下按压连接器上的两个防松扣，直至完全脱开，如图 2-3-21 所示。

(a)

(b)

图 2-3-21 脱开防松扣

(2)一只手托连接器前部，一只手托连接器后部，垂直向上将连接器拔出，如图 2-3-22 所示。

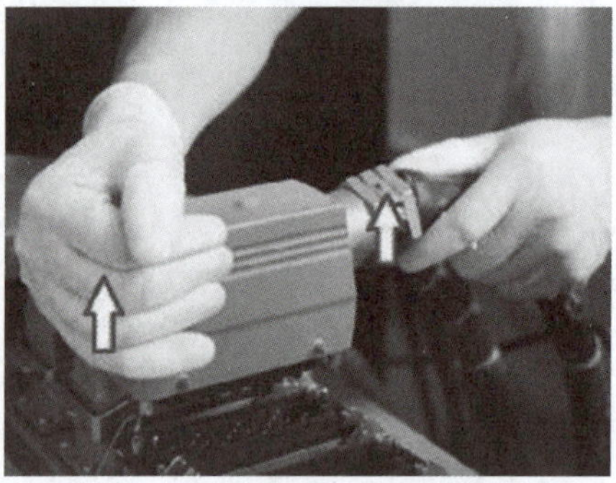

图 2-3-22 拔出连接器

2. 连接器连接

CTCS2-200C 型车载设备使用的是 DC 110 V 电源，为保证人员安全，同时防止设备损坏，需确定电源已经断开后再进行连接器连接操作。连接器连接的步骤如下：

(1)检查插头与插座的标识是否对应，防止插错，如图 2-3-23 所示。

图 2-3-23 检查插头与插座标识对应

(2)一只手托连接器前部，一只手托连接器后部，在插头保持水平的条件下，将插头的两个定位销对准插座的两个定位孔，如图 2-3-24 所示。

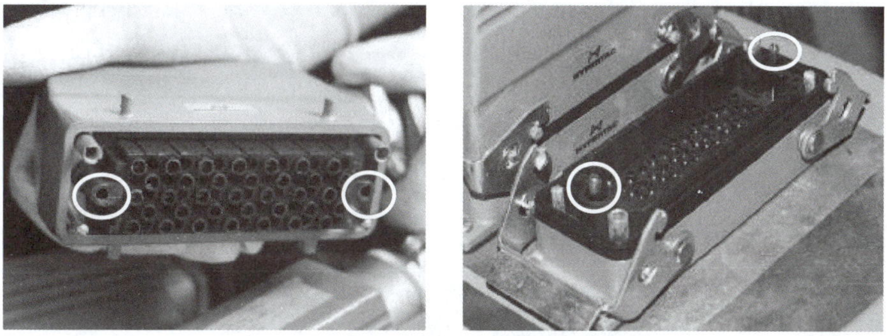

(a)　　(b)

图 2-3-24　插头定位孔和插座定位销

(3)确认对好后，再保持垂直方向缓缓将插头向下插入插座，中途如感觉遇到阻力，切勿强行向下按压插头，应先拔出插头仔细检查插头和插座中的插针有无异常再重新插入，如图 2-3-25 所示。

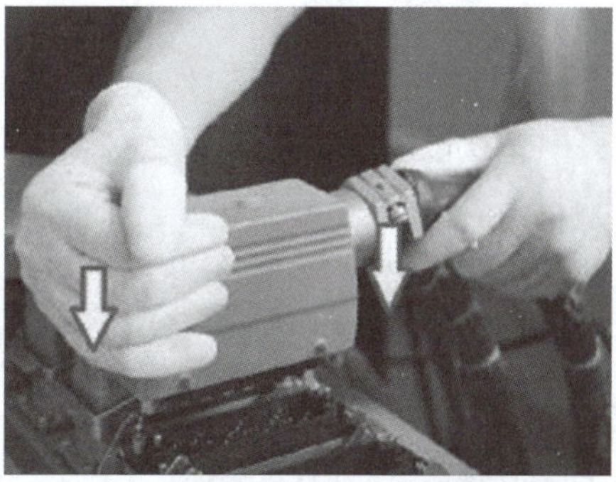

图 2-3-25　插入连接器

(4)从插座的各个方向均确认插头与插座的橡胶圈间没有缝隙后，将插座的防松扣向上扣好，如图 2-3-26 所示。

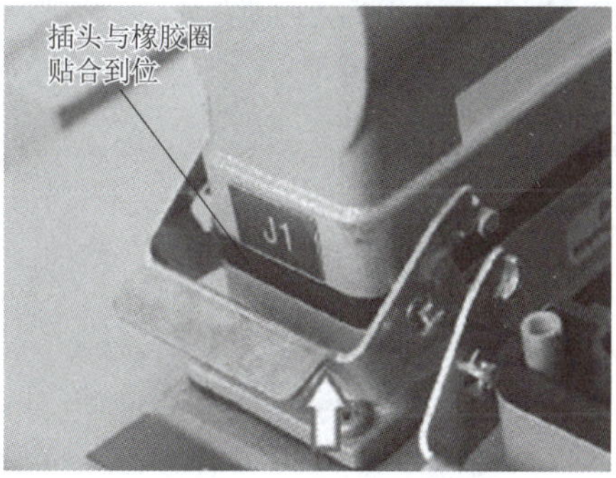

图 2-3-26　扣好防松扣

(二)组匣拆装

1. 组匣拆卸

CTCS2-200C 型车载设备使用的是 DC 110 V 电源，为保证人员安全，同时防止设备损坏，需确定电源已经断开后，再进行组匣拆卸操作。各组匣质量为 5～20 kg，拆卸时可能会导致腰部扭伤或脚部砸伤，建议由 2 人配合操作。

机柜内所有的组匣均采用抽屉式安装方式，因此其拆卸步骤基本相同。

(1)卸下固定组匣用的螺丝，如图 2-3-27 所示。注意一定要选择与螺丝大小匹配的螺丝刀，以防止螺丝被拧坏。卸下的螺丝及垫片等应妥善保存，以防落入机柜或组匣中引起短路。

图 2-3-27　卸下固定螺丝

(2)双手拉住组匣上的把手，慢慢将组匣平行向外拉出，如图 2-3-28(a)所示；拉至一半时，再用双手托住组匣左、右两侧的底部继续向外拉出，直至组匣全部处于机柜外部，如图 2-3-28(b)所示。

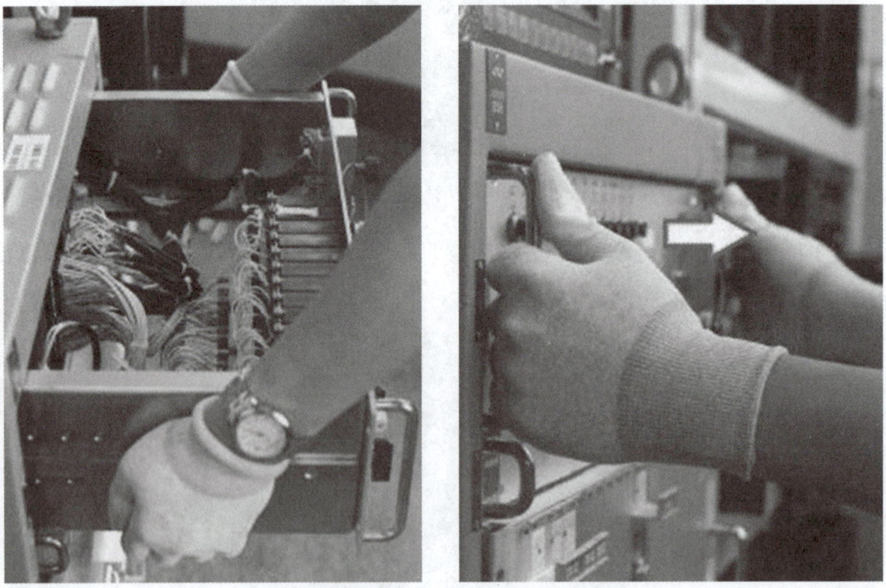

(a)　　(b)

图 2-3-28　抽出控制组匣

(3)拆下来的组匣可平放或竖放在坚固、平整的地面或平台上，但放好后其上方不可叠放其他任何设备，如图 2-3-29 所示。

2. 组匣安装

CTCS2-200C 型车载设备使用的是 DC 110 V 电源，为保证人员安全，同时防止设备损坏，需确定电源已经断开后，再进行组匣安装操作。各组匣质量为 5～20 kg，安装时可能会导致腰部扭伤或脚部砸伤，建议由 2 人配合操作。

图 2-3-29　组匣禁止堆叠放置

机柜内所有的组匣均采用抽屉式安装方式，因此其安装步骤基本相同。

（1）双手托住组匣左、右两侧的底部，使组匣保持水平状态接近机柜，组匣两侧的金属条对准机柜上相应的卡槽，垂直向里慢慢推入，如图 2-3-30 所示。遇到阻力时应仔细检查和调整，切忌强行推入。

图 2-3-30　组匣慢慢推入机柜

（2）推到组匣面板与其他组匣基本平齐，并且无法继续向前推动即可，然后将组匣固定螺钉拧好。建议采用对角线顺序进行紧固。

（三）插件拆装

1. 插件的拆卸

CTCS2-200C 型车载设备所有插件均禁止带电拔插，拆卸插件前需确认电源已经关闭。按以下步骤拆卸各插件：

（1）拧松插件面板上、下两颗固定螺钉，如图 2-3-31 所示。

（2）双手各捏插件面板的一个把手，同时用力，以组匣为着力点，将插件平行向外拉出，如图 2-3-32 所示。

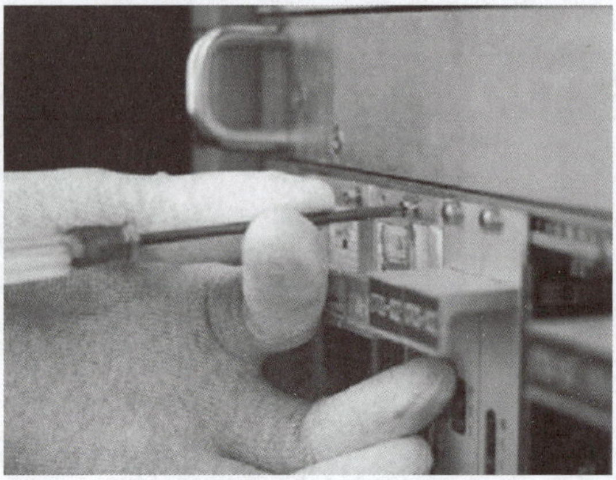

图 2-3-31　拆卸插件螺钉

2. 插件的安装

CTCS2-200C 型车载设备所有插件均禁止带电拔插，安装插件前需确认电源已经关闭。按以下步骤安装各插件：

(1)确认插件的正确槽位。仔细检查插件后部的连接器插针是否有弯针或断针情况，如图 2-3-33 所示。

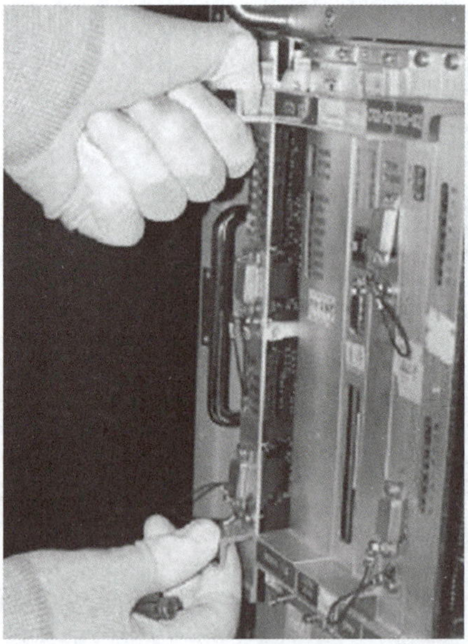

图 2-3-32　插件拆卸

图 2-3-33　检查组匣插件标识

(2)将插件印制电路板的上、下沿分别对准组匣中的上、下卡槽，然后两个手的拇指同时在面板捏手上慢慢用力推入组匣，如图 2-3-44 所示。插件没有到位又遇到阻力时，应暂时将插件拔出仔细检查后再插入，禁止强行推、砸插件面板。

(3)确认安装到位后，紧固插件的固定螺钉。为保证插件不受应力作用，尤其是采用 4 个螺丝进行固定的插件，如 ACSDV 和 MTORE，不要将螺钉一次完全紧固，而应采用先逐个初步拧紧，后逐个完全拧紧的方式。

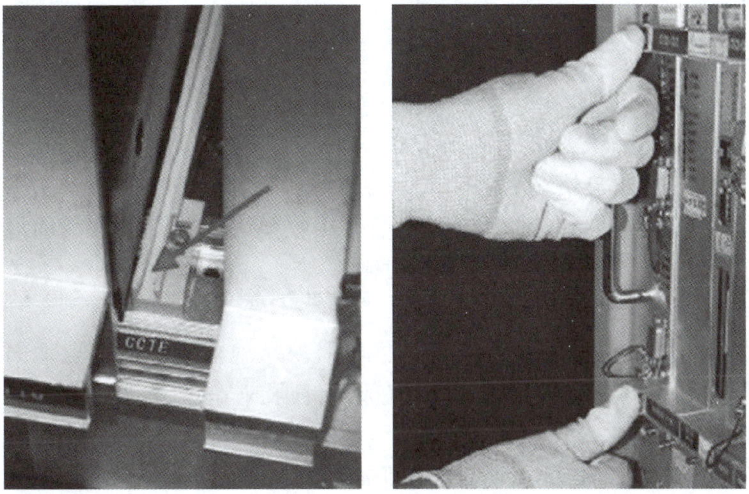

（a）　　　　（b）

图 2-3-34　插件插入组匣

【任务评价】

<table>
<tr><td colspan="2">项目名称</td><td></td><td>任务名称</td><td></td></tr>
<tr><td colspan="2">小组成员</td><td></td><td>综合评分</td><td></td></tr>
<tr><td rowspan="11">学生自评</td><td colspan="4">理论任务完成情况</td></tr>
<tr><td>序号</td><td>知识考核点</td><td>自评意见</td><td>自评结果</td></tr>
<tr><td>1</td><td>机柜连接器拆装</td><td></td><td></td></tr>
<tr><td>2</td><td>组匣拆装</td><td></td><td></td></tr>
<tr><td>3</td><td>插件拆装</td><td></td><td></td></tr>
<tr><td colspan="4">训练任务完成情况</td></tr>
<tr><td>项目</td><td>内容</td><td>评价标准</td><td>自评结果</td></tr>
<tr><td>训练准备</td><td></td><td></td><td></td></tr>
<tr><td>训练方法</td><td></td><td></td><td></td></tr>
<tr><td>质量考核</td><td></td><td></td><td></td></tr>
<tr><td>安全考核</td><td></td><td></td><td></td></tr>
<tr><td>学习小组评价</td><td colspan="4">团队合作□　动手操作能力□　信息获取能力□　交流沟通能力□
（根据完成任务情况填写：A 优秀；B 良好；C 合格；D 有待改进）</td></tr>
<tr><td>教师评价</td><td colspan="4"></td></tr>
</table>

【任务关联知识】——列控车载设备介绍

(一)列控车载设备的功能

1. 轨道电路信息接收与处理

通过轨道电路信息接收天线和轨道电路信息接收模块从轨道电路获取地面信息,包括:行车许可、前方空闲闭塞分区数量、车站进路速度等。

2. 应答器信息接收与处理

通过应答器信息接收天线和应答器信息接收模块从地面应答器获取地面信息,包括:前方线路信息、列车位置、列车运行方向、进路信息、临时限速等。

3. 测速测距

实时监测列车运行速度并计算列车走行距离,校正空转或滑行对测速测距的影响。根据应答器信息进行位置校正,两个应答器的位置校正通过检测轨道电路的边界(绝缘节)来实现,同时可通过主机的拨码开关进行轮径补偿系数的设定。

4. 超速防护

根据来自轨道电路信息接收模块的轨道电路信息、来自应答器信息接收模块的线路数据,以及列车的特性,生成一次制动的目标距离连续速度控制模式曲线。

列控车载设备监控列车允许的速度,包括:动车组构造速度、线路允许速度、进路允许速度、临时限速和紧急限速。

如果列车速度与允许速度之间的差距超过报警门限,则要提供相应报警信息;如果列车速度与允许速度之间的差距超过常用制动门限,则要产生常用制动;如果列车速度与允许速度之间的差距超过紧急制动门限,则要产生紧急制动,直至列车停车。

5. 两种车载工作方式选择

列控车载设备具有设备制动优先和司机制动优先两种模式,允许通过内部设置(机柜内跳线)选择其中一种模式。

6. CTCS 级间切换

CTCS 级间切换主要指列控车载设备与 LKJ 之间控制权的切换。列控车载设备在地面应答器的配合下,可以在区间完成与 LKJ 的自动切换,也可以通过人机界面进行人工切换。控车权的交接以列控车载设备为主。为保证制动的安全性、平稳性和连续性,如果在切换时列控车载设备或 LKJ 已经触发制动,则在停车后或缓解后才可切换。

7. 防溜

在列车停车的状态下,会对列车的不恰当移动进行防护,防止列车在停车状态下发生非预期的前后移动。

8. 与 LKJ 接口

通过开关量接口、通信接口、模拟量接口,列控车载设备向 LKJ 输出控车权,与 LKJ 交换与运行监控记录有关的信息,提供轨道电路感应信号、机车信号等;LKJ 经列控车载设备与列车的制动控制接口连接。LKJ 向列控车载设备输出 LKJ 制动状态及司机号、车次号、日期、时间等信息。

9. 与动态监测设备接口

列控车载设备设有用于进行动态监测的通信接口,通过该接口实时监测列控车载设备的运行情况，提供接收的轨道电路信息、应答器信息、工作模式、模式速度、车体输入状态、车体输出状态、设备工作状态等。

10. 与动车组接口

列控车载设备接收动车组输入的牵引位置、制动位置、零位位置、向前位置、向后位置等信息，向动车组输出紧急制动、最大常用制动、中等常用制动、弱常用制动、切除牵引等指令。

11. 机车信号

列控车载设备具备机车信号功能，并向列车运行监控装置输出机车信号信息。

12. 载频锁定

轨道电路信息接收模块具有接收多个载频的能力。利用应答器信息、人机界面选择、轨道电路信息等三种方法锁定载频。在 CTCS-0 级区段，按人机界面选择和轨道电路信息锁定载频的方法中最新接收的指令锁定载频。在 CTCS-2 级区段，优先采用应答器信息锁定载频。如果未收到应答器信息，也可通过人机界面选择或轨道电路信息锁定载频。

13. 与司机进行信息交互

通过人机界面设备，可接收司机的信息输入，部分非安全信息也可通过运行监控装置提供，并向司机提供以下信息：列车实际速度、目标速度、限制速度、目标距离、机车信号，以及显示和声音提示等。

14. 数据记录

为了能在事故发生时进行原因分析，采用连续记录的方式对信息进行详细记录，最少可以连续记录 24 h，记录的周期为 300 ms。对于地面应答器的信息，只有在通过地面应答器时才进行记录，记录列控车载设备的主要状态，其记录容量达到 30 天以上。只有在检测出故障时，才进行一般设备状态记录。当所有数据域记录满后，用新数据覆盖旧数据。

(二)列控车载设备系统构成

(1)1 个主机柜，是整个 ATP 的核心。

(2)1 个 DMI，即人机界面，是 ATP 与用户的接口设备。

(3)1 套 BTM 设备，用于接收来自地面的点式应答器信息。

(4)2 个 FSK 传感器及一个 FSK 接线盒，用于接收来自地面的轨道电路连续信息。

(5)2 个速度传感器，用于将车轮的旋转状态转换成脉冲方波信号。

(6)1 组与列车的接口，用于获取电源、向列车输出制动和获取列车工况等信息。

(7)1 组与 LKJ 的接口，用于与 LKJ 通信和制动接口交互。

(8)1 台速度信号隔离装置(仅针对 CRH2 型动车组)，用于实现速度信号的抗干扰。

其在 CRH5 型动车组和 CRH2 型动车组上的结构分别如图 2-3-35 和图 2-3-36 所示。

1. 主机柜

机柜内部集成了构成安全计算机、轨道信号解码模块及列车接口所需的板件或部件，实物及结构如图 2-3-37 所示。从上至下共分为 7 层，分别为控制组匣、继电器组匣、EVC-A 组匣、风扇组匣、EVC-B 组匣、风扇组匣和空气过滤层。

2. BTM(应答器信息传输模块)

BTM 主机用于接收和解码来自地面应答器的信息并传送至安全计算机，包括 BTM 主机、天线及连接电缆，其实物如图 2-3-38 所示。

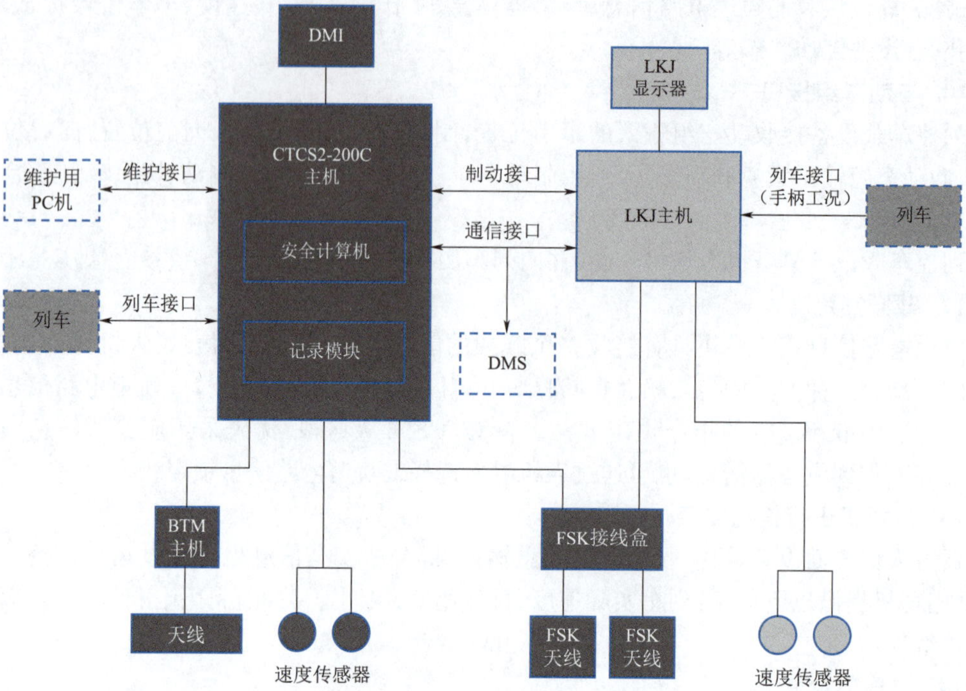

图 2-3-35　CTCS2-200C 型车载设备结构（CRH5 型）

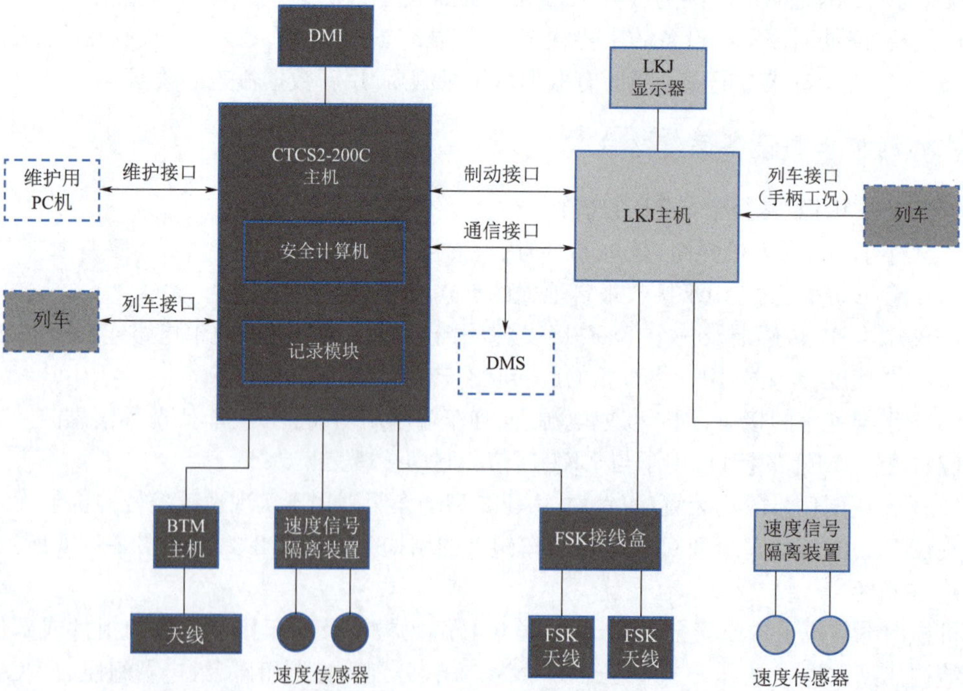

图 2-3-36　CTCS2-200C 型车载设备结构（CRH2 型）

3. DMI（人机交互单元）

DMI 的功能为实现 CTCS2-200C 型车载设备与用户间的信息交互，它通过显示及声音向用户输出信息，以按键的形式接收用户的操作指令。CTCS2-200C 型车载设备可配套使用的

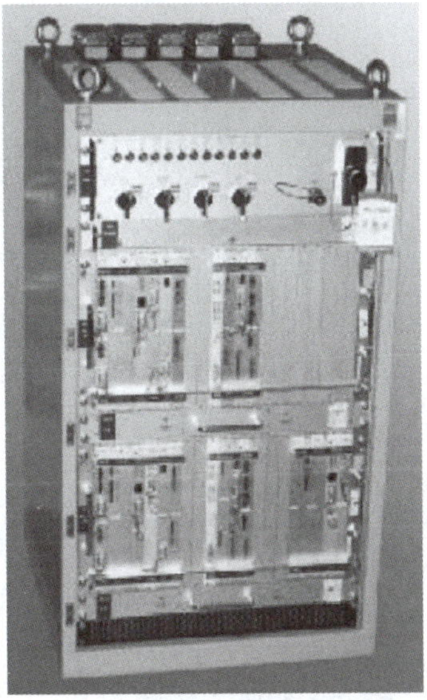
(a) 实物图

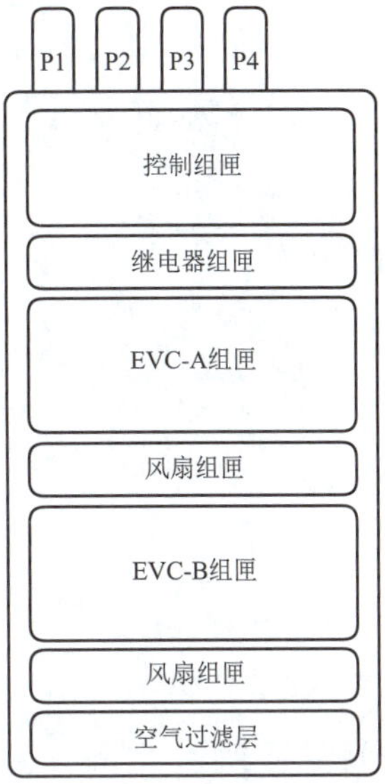

(b) 结构图

图 2-3-37　CTCS2-200C 型车载设备主机图

(a)

(b)

图 2-3-38　BTM 及天线

DMI 有两种，分别为普通型（TPX15）和双显型（TPX15D）。两种 DMI 在安装和电气接口上完全兼容，其实物如图 2-3-39 所示。

4. 速度传感器

速度传感器根据车轮的旋转速度为测速插件提供相应比例频率的方波信号，使测速插件可以实时监测列车的运行速度。CTCS2-200C 型车载设备可配套使用的速度传感器有两种，分别为接触式光电型（TQG15F）和非接触式霍尔型（CDG11），可根据车辆轴端配置情况进行选择使用，其实物如图 2-3-40 所示。

5. TCR（轨道电路接收模块）

TCR 用于感应来自地面的连续式轨道电路信号，通过电缆传输至主机柜内部的 CFSK 解码插件。它由 FSK 传感器和 FSK 接线盒组成，实物如图 2-3-41 所示。

6. 速度信号隔离装置

速度信号隔离装置用于隔离轴端和车体间巨大的干扰电压，防止其烧损设备或干扰速度信号，目前主要应用于 CRH2 型动车组，其实物如图 2-3-42 所示。

（a）普速型　　（b）双显型

图 2-3-39　DMI 实物图

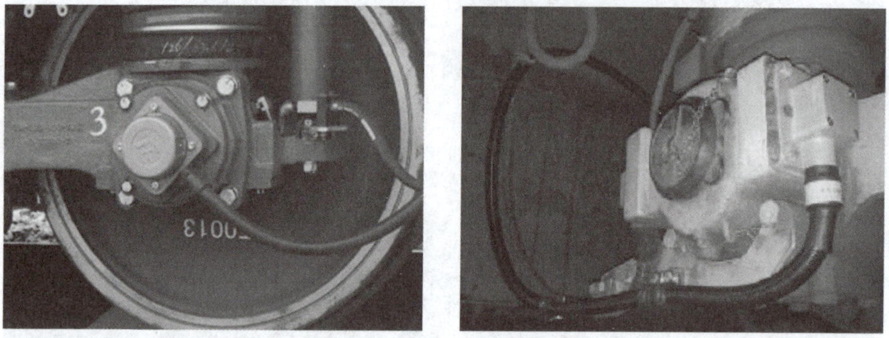

（a）接触式光电型　　（b）非接触式霍尔型

图 2-3-40　速度传感器

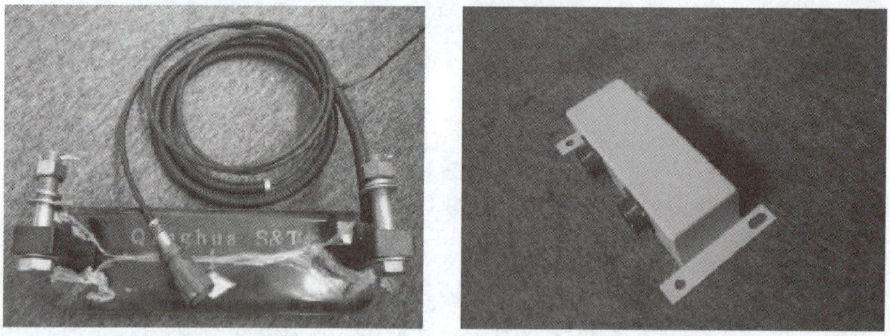

（a）FSK传感器　　（b）FSK接线盒

图 2-3-41　FSK 传感器和 FSK 接线盒

（三）列控车载设备的工作模式

列控车载设备工作模式可分为 CTCS-2 级列控系统工作状态和机车信号工作状态。在 CTCS-2 级列控系统工作状态下，列控车载设备具有 7 种工作模式：待机模式、完全监控模式、部分监控模式、引导模式、目视行车模式、调车模式、隔离模式。在 LKJ 控车时，列控车载设备工作在机车信号状态下。

图 2-3-42　速度信号隔离装置

1. 待机模式(SB)

在列控车载设备默认等级设置为 CTCS-2 级列控系统情况下，上电后，列控车载设备自动转入待机模式。在待机模式下，列控车载设备应保持接收轨道电路信息、接收应答器信息等功能有效，不进行速度比较等控制。处于待机模式时，能自动启动防溜逸控制功能。

2. 完全监控模式(FS)

完全监控模式是 CTCS-2 级列控系统中最普通的模式，当列控车载设备具备控车所需的基本数据(轨道电路信息、应答器信息、列车数据)时，其转入此模式。它也是列车在区间(含车站正线通过和侧进直出)和车站接车作业时的正常运行模式。完全监控模式下，列车判断自身位置和停车位置后，在保证列车速度满足线路固定限速、车辆构造速度、停车位置、临时限速等条件的前提下，产生目标距离连续速度控制模式曲线，连续监控列车速度，自动输出紧急制动或常用制动命令，并能通过 DMI 显示列车运行速度、允许速度、目标速度和目标距离等信息，监控列车安全运行。

完全监控模式分为两种情况：正向完全监控模式和反向完全监控模式。

3. 部分监控模式(PS)

列控车载设备将由于应答器信息接收异常导致线路数据缺失，或者由于其他原因导致列控车载设备无线路数据，以及引导接车时的工作模式定义为部分监控模式。

4. 引导模式(CO)

引导模式是在进站建立引导进路后，列控车载设备按照最高限速 40 km/h 控车的模式。

5. 目视行车模式(OS)

当列控车载设备接收到禁止信号或无信号时，列车停车后，根据行车管理办法(含调度命令)，司机经特殊操作(如按压专用按钮)，列控车载设备生成固定限制速度(20 km/h)，列车在列控车载设备监控下运行，司机对安全负责。

6. 调车模式(SH)

列车进行调车作业时，司机经特殊操作(如按压专用按钮)后，转为调车模式，列控车载设备生成 45 km/h 的固定速度模式曲线，限制列车速度，监控列车运行。列车速度一旦超过该限制速度，列控车载设备输出制动。当从车站进、出站端的应答器接收到调车危险信息包时，列控车载设备输出紧急制动。

7. 隔离模式(IS)

将隔离开关操作到隔离位置,隔离列控车载设备的制动输出,列控车载设备转入隔离模式,当机车信号功能正常,向 LKJ 提供机车信号。在 CTCS-2 级以外区段,以及运行在 CTCS-2 级区段但列控车载设备某些故障时,用 LKJ 进行控制,列控车载设备工作在机车信号状态,向 LKJ 灯提供机车信号信息,不输出制动。在机车信号状态下,STM 和 BTM 的信息接收功能、位置识别功能有效。

列控车载设备的工作模式是在一定条件下运用的,条件发生变化,相应工作模式也要变化。有些工作模式可以直接进行转换,但有些工作模式不能直接转换,必须间接转换。

【任务评价】

<table>
<tr><td colspan="2">项目名称</td><td></td><td>任务名称</td><td></td></tr>
<tr><td colspan="2">小组成员</td><td></td><td>综合评分</td><td></td></tr>
<tr><td rowspan="11">学生自评</td><td colspan="4">理论任务完成情况</td></tr>
<tr><td>序号</td><td>知识考核点</td><td>自评意见</td><td>自评结果</td></tr>
<tr><td>1</td><td>CTCS2-200C 型
车载设备基本知识</td><td></td><td></td></tr>
<tr><td>2</td><td>CTCS2-200C 型
车载设备维护要点</td><td></td><td></td></tr>
<tr><td>3</td><td>CTCS2-200C 型
车载设备操作与维护</td><td></td><td></td></tr>
<tr><td colspan="4">训练任务完成情况</td></tr>
<tr><td>项目</td><td>内容</td><td>评价标准</td><td>自评结果</td></tr>
<tr><td>训练准备</td><td></td><td></td><td></td></tr>
<tr><td>训练方法</td><td></td><td></td><td></td></tr>
<tr><td>质量考核</td><td></td><td></td><td></td></tr>
<tr><td>安全考核</td><td></td><td></td><td></td></tr>
<tr><td>学习小组
评价</td><td colspan="4">团队合作□　动手操作能力□　信息获取能力□　交流沟通能力□
(根据完成任务情况填写:A 优秀;B 良好;C 合格;D 有待改进)</td></tr>
<tr><td>教师评价</td><td colspan="4"></td></tr>
</table>

【练习与思考】

1. 简述 CTCS2-200C 型车载设备的构成。

____

____

____

____

2. CTCS2-200C 型车载设备输入/输出信息有哪些？

____

____

____

____

3. CTCS2-200C 型车载设备工作模式有哪些？分别是什么？

____

____

____

____

项目三

CTCS-3 级列车运行控制系统维护

知识导图

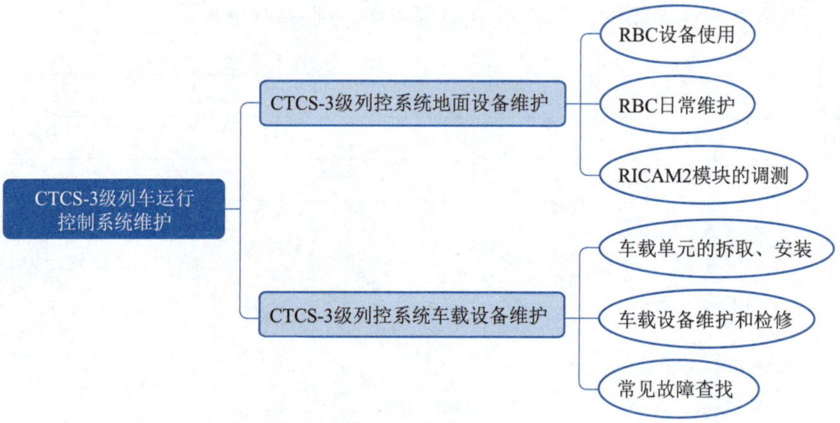

学习目标

知识目标

1. 掌握 CTCS-3 级列控系统地面设备 RBC 的结构和功能。
2. 掌握 RBC 与其他系统的接口。
3. 掌握 RICAM2 模块和 RM2 模块的主要功能。
4. 掌握 CTCS-3 级列控系统车载系统设备的构成。

能力目标

1. 能够使用、操作和维护 RBC 设备。
2. 能够对 RICAM2 模块和 RM2 模块进行调测。
3. 能够对 CTCS3-300S 型车载设备进行安装、拆卸、检修及故障查找。

素质目标

1. 具备分析问题和解决问题的能力。

2. 具有学生精益求精的工匠精神。
3. 具有吃苦耐劳、勇于创新的精神。
4. 善于与人沟通和交流，具有团队协作意识及总结经验的能力。

【项目描述】

如果我们把铁路比作人的话，那么列车运行自动控制系统就相当于人的神经系统。列车在铁路上运行需要遵循一定的规则，首先需要知道列车的位置和线路的状态。列车运行自动控制系统就像神经末梢一样感知列车的位置和线路的状态，并将其传输给大脑，再由大脑综合这些信息，形成新的指令传达给列车，对列车进行控制，形成了一个神经回路。本项目将带领大家学习如何使用、操作和维护 CTCS-3 级列控系统的地面设备和车载设备。

任务一　CTCS-3 级列控系统地面设备维护

【任务导入】

在对 CTCS-3 级列控系统的组成有了进一步的认识，还要掌握 CTCS-3 级列控系统地面设备的安装、拆卸、使用及维护，才能对其真正掌握，因此需要更深层次的学习。

【任务目标】

1. 能正确使用 RBC 设备。
2. 能准确使用 RICAM2 模块。
3. 能按照铁路现场作业标准对 RBC 设备进行维护。
4. 具备铁路现场安全意识。

【准备材料及工具】

准备工具如图 3-1-1 所示。

(a) 组合工具箱

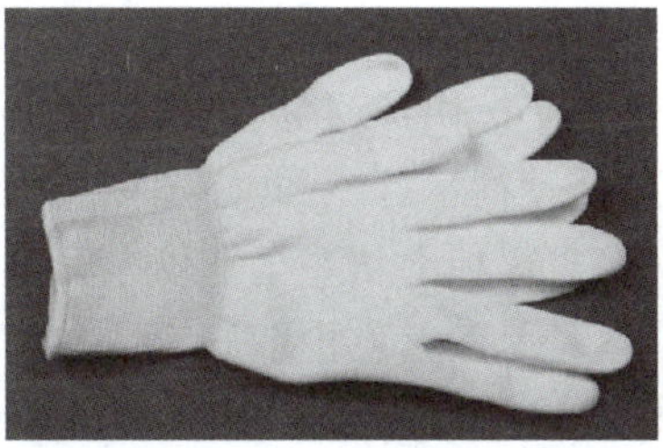

(b) 防静电手套

图 3-1-1　准备工具

【任务实施】

学习活动一　RBC 设备使用

（一）使用、操作人员要求

RBC 设备的使用、操作要求操作人员必须经过厂家或各铁路局集团公司电务段技术科培训，熟悉铁路信号运营，对 RBC 设备原理和操作有一定的了解，并考核合格。

（二）RBC 操作

LKR-T 型 RBC 机柜中 VPC_A，VPC_C，VPC_T 和 VPC_I 均为 IBM X 系列服务器，进口平台采用的型号为 x336，国产化平台采用的型号为 x3550；VPC_B 则采用 IBM P 系列服务器，进口平台采用的型号为 P505，国产化平台采用的型号为 P510。各服务器采用的操作系统分别为：

VPC_A：FreeBSD

VPC_B：Redhat Linux

VPV_C、VPC_I 和 VPC_T：Redhat Linux

1. x3550（x336）**服务器简要说明**

该服务器主视图如图 3-1-2、图 3-1-3 所示。

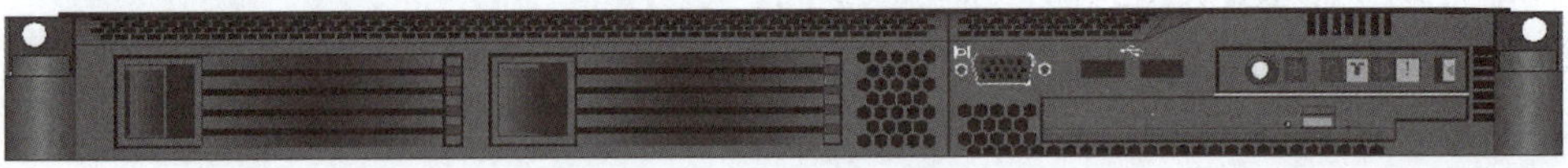

图 3-1-2　x3550 主视图

图 3-1-3　x336 主视图

各项说明如下：

硬盘：设备调试结束以后，正常情况下禁止插拔硬盘，若需要更换硬盘，必须确认服务器处于关闭状态。

DVD 弹出按钮：按此按钮以打开 DVD-ROM 驱动器。

DVD 活动指示灯：当此指示灯点亮时，表明 DVD-ROM 驱动器正在使用中。

操作信息面板上从左至右依次为：USB 接口、电源指示灯、电源控制按钮、硬盘驱动器指示灯、位置指示灯、信息指示灯、系统错误指示灯和释放滑锁。

USB 接口：用于插入 USB 设备。

电源指示灯：当此绿色指示灯点亮但不闪烁时，表明服务器开启。当此指示灯闪烁时，表明服务器关闭但仍然接通交流电源。当此指示灯熄灭时，表明已切断交流电源或者电源或指示灯本身出现了故障。

电源按钮：按下此按钮可手动开启或关闭服务器。

硬盘驱动器活动指示灯：当此绿色指示灯点亮时，表明某个硬盘驱动器正在使用中。

位置指示灯：如果服务器与许多其他服务器在相近的位置，可以利用该蓝色指示灯来用肉眼找到该服务器。可以使用 IBM director 来远程点亮这个指示灯。

信息指示灯：当此淡黄色指示灯点亮时，表明发生了一般事件。查看错误日志以获取其他信息。

系统错误指示灯：当此指示灯点亮时，表明发生系统错误，此时系统板的光通路诊断面板上的指示灯也会点亮以帮助定位错误信息来源。

释放滑锁：按释放滑锁(位于操作员信息面板的左侧)以便滑出操作员信息面板并查看光通路指示灯和按钮。

2. P510(P505)**服务器简要说明**

该服务器主视图如图 3-1-4、图 3-1-5 所示。

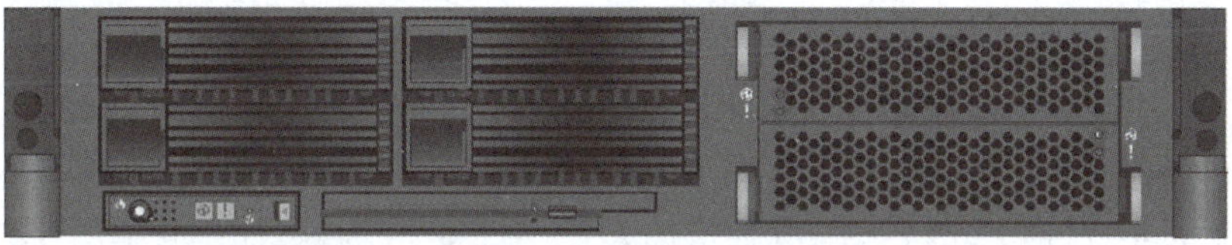

图 3-1-4　P510 主视图

图 3-1-5　P505 主视图

各项说明如下：

硬盘：设备调试结束以后，正常情况下禁止插拔硬盘，若需要更换硬盘，必须确认服务器处于关闭状态。

DVD 弹出按钮：按此按钮以打开 DVD-ROM 驱动器。

DVD 活动指示灯：当此指示灯点亮时，表明 DVD-ROM 驱动器正在使用中。

电源按钮：按下此按钮可手动开启或关闭服务器。P510 的开机时间较长，在按压电源按钮后，需要等待 5 min 左右才能开始启动，其间注意不要重复按压电源按钮。

电源指示灯：当此指示灯闪烁时，表明服务器已接入电源，但是未启动。当此指示灯持续长亮时，表明服务器已经启动。当此指示灯熄灭时，表明已切断交流电源或者电源或指示灯本身出现了故障。

系统报警灯：当此指示灯点亮时，表明系统可能出现错误。

3. RBC 设备启动与关闭

设备电源接通之后，RBC 设备的启动应按照以下步骤进行：

(1)逐台开启 RBC 机柜中的所有服务器，顺序不做要求。

(2)使用 PrtScreen 键在各服务器的人机界面间切换，确认各设备均已正常启动。

(3)登录 RBC 维护终端，检查设备运行状态，具体检查方法参见下文中对 RBC 维护终端的说明。

(4)如果由于外部供电中断导致设备关闭,在供电恢复之后需人工检查确认系统运行状态并决定是否需要手动启动服务器。

4. 常用操作命令

重启应用程序:service vpu restart,此指令在 VPC_C 中执行,同系的 A、B 机也将被触发自动重启。

关闭应用程序: service vpu stop,在 VPC_C 中执行。

关闭任意一台服务器: shutdown-h now。

重启任意一台服务器:reboot。

RBC 启动之后,应用程序将自动运行,如果因为调试、维护等原因而停止了应用程序,结束之后应通过重启命令启动程序。

5. RBC 维护终端

RBC 软件中包含的维护终端软件(MT)可以通过 web 方式访问,从而进行系统状态检查和维护。RBC 维护终端面向调试、测试技术人员和维护人员,提供对 RBC 的访问接口。技术或维护人员可以通过浏览器界面,获得基本的系统操作信息。通过绝大部分 PC 机和现有通用的网络系统,都可以实现远程访问功能。

启动 MT 软件可按照以下步骤进行:

(1)登录 VPC_C 或者 VPC_T,单击桌面左上角的 web 图标,如图 3-1-6 方框所示,开启一个 web 页面。

图 3-1-6　开启 web 页面

(2)在地址栏中输入 spu1(对 1 系)或者 spu2(对 2 系),回车即可见如图 3-1-7 所示的登录界面,然后输入用户名和密码。

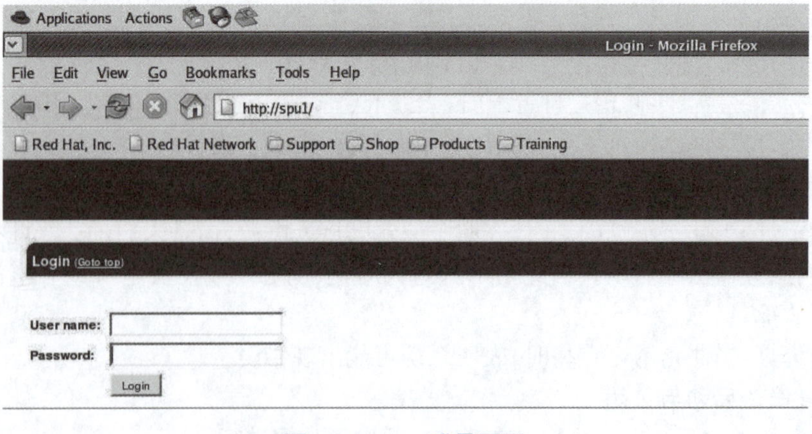

图 3-1-7　MT 登录页面

注:1. 如果因为维护需要而通过 VPC_C 登录维护终端时,不得在主系 VPC_C 中进行 log 信息查找和下载。

2. 非设备维护期间系统正常运行时，不得将 U 盘插在 VPC_A/B/C 中；设备维护期间如果插入 U 盘，应在工作完成之后，拔除 U 盘并重启应用程序。

(1)系统状态页面(home)

登录后，将首先进入系统状态页面(home)，如图 3-1-8 所示。

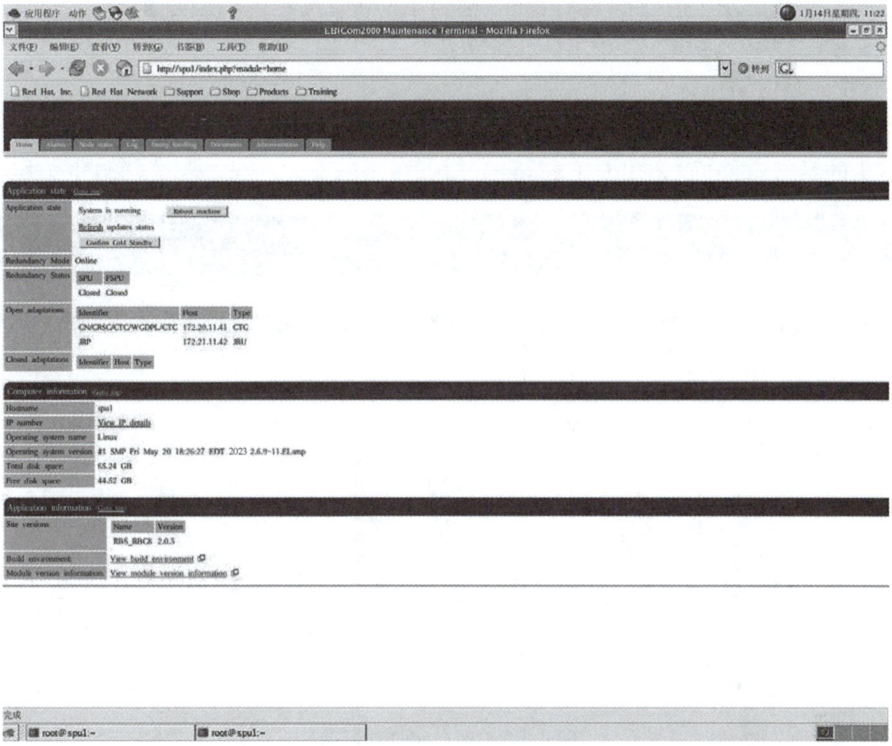

图 3-1-8　MT home 页面

该页面主要反映以下系统信息：

①application state：系统工作状态

system is running 表示应用程序正在运行。

system is restarting 表示应用程序正在启动。

system is not running 表示应用程序未运行。

②redundancy mode：冗余模式

online 表示在用。

standby 表示备用。

RBC 正常工作时，一套逻辑单元为 online，另一套为 standby。

③redundancy status：冗余状态

分别表示冗余设备中 SPU 和 FSPU 的工作状态，open 表示开启，closed 表示关闭。

④open adaptations：启动的适配

包含 CTC 适配和 R-JRU 适配，在此项中出现即表示相关适配已经开启，RBC 与之通信正常。

⑤closed adaptations：关闭的适配

包含 CTC 适配和 R-JRU 适配，在此项中出现即表示相关适配已经关闭。

此外，在该页面上有两个可单击的按钮：

reboot machine，该按钮可用于操作重新启动服务器，该权限仅对管理员账户开放。

confirm cold standby，如果系统处于单系工作状态时，必须由人工单击该按钮，否则系统虽然保持正常运行状态，但是不会对列车发送移动授权信息。

当系统工作状态发生改变时，该页面不会自动更新，此时可以通过单击 application state 后面的 refresh 选项(或者通过 F5 键)进行刷新。

(2)报警页面(alarms)

在菜单中选择 alarms，则进入事件报警(提示)页面，如图 3-1-9 所示，该页面可实时地动态显示发生的系统事件，而无须人工刷新。

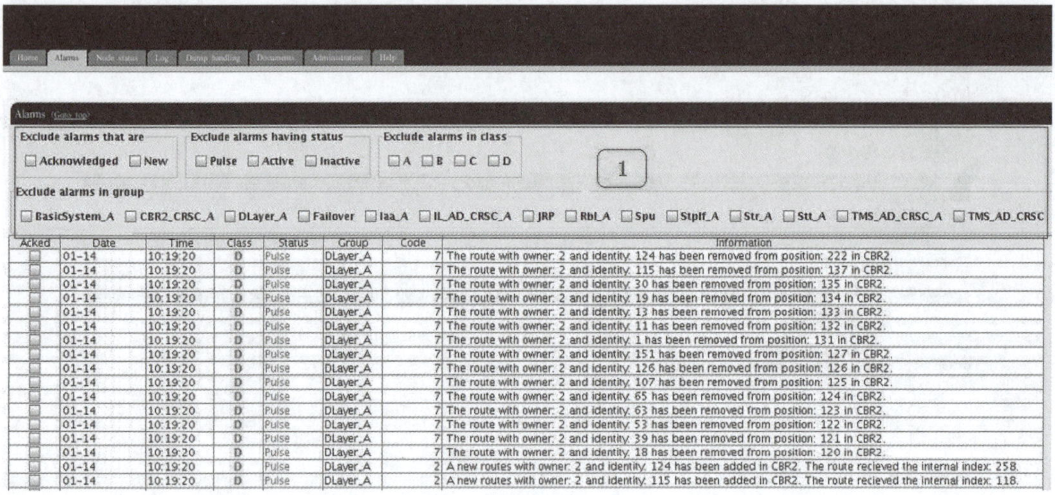

图 3-1-9　MT alarms 页面

在图 3-1-9 区域 1 中可以选择不显示特定的报警信息，如在 JRP 前的小方框中打勾，则不会显示与 R-JRU 相关的报警。

按照事件的重要性，此页面中的提示从高到低分为 4 个等级：

A 类表示影响列车运行。

B 类表示系统可用性下降。

C 类表示临时干扰。

D 类表示知会性事件，报警分为两种类型：active 和 pulse。

active 表示从开始提示一直保持活动状态的事件。

pulse 表示一次性事件双击一条报警信息，则可以进一步观察。

事件信息，如图 3-1-10 所示。

注意：如果通过远程登录访问该页面，则使用的计算机上应实现安装 SUN java runtime environment，版本不低于 1.5.0。

(3)接口状态(node status)

选择 node status 选项，则可以进入系统接口状态页面，如图 3-1-11 所示。

该页面显示以下系统接口状态信息：

①RBC 对 VIA 接口(CTC connection status)，显示 connected 表示已经连接，没有或显示 disconnected 表示连接中断。

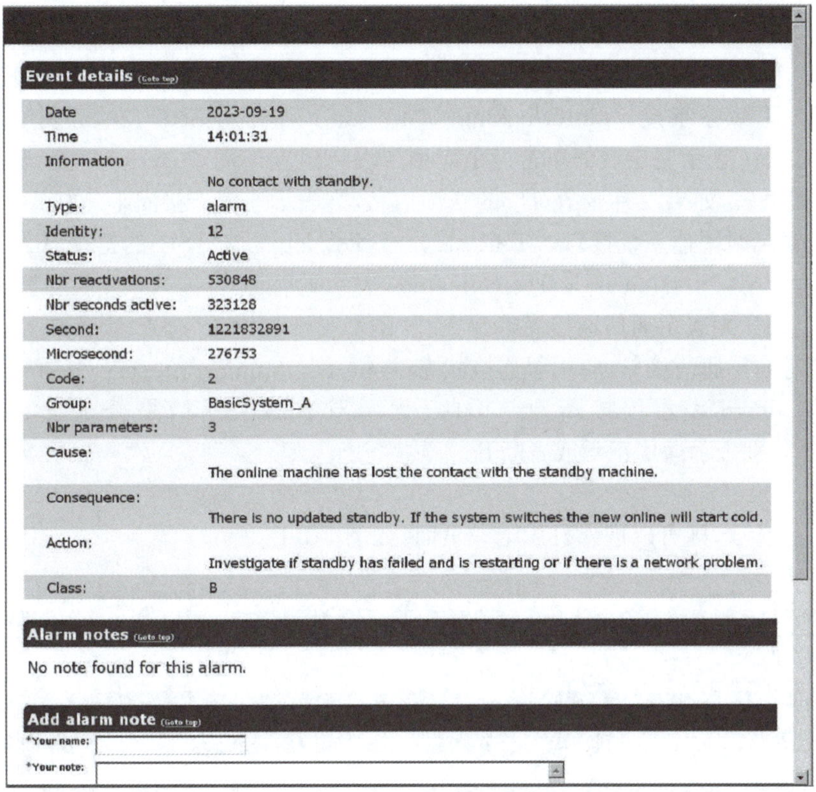

图 3-1-10　MT alarm 细节页面

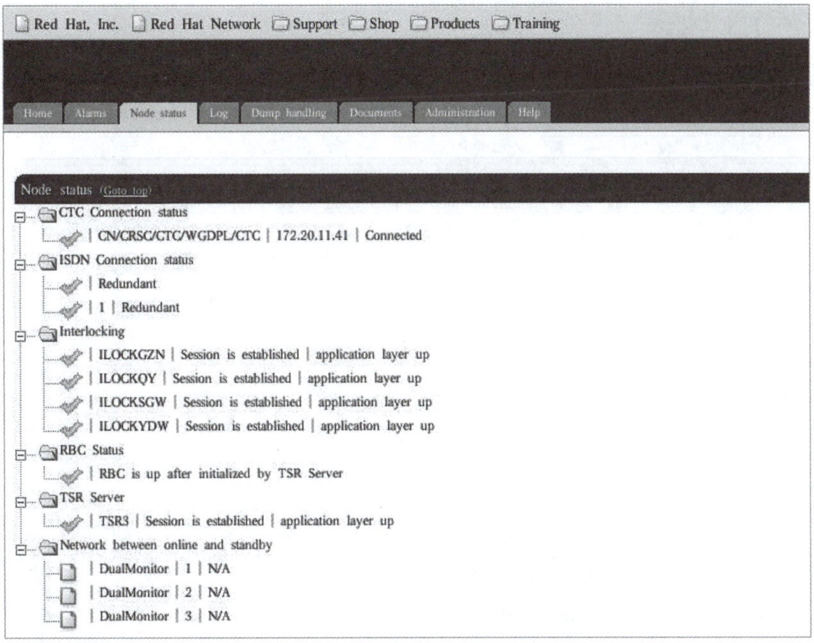

图 3-1-11　MT 接口状态页面

②RBU 对 ISDN 接口(ISDN connection status),每个 RBC 包括 4 个 ISDN 服务器,[1]表示 ISDN1,依次类推。redundant 表示 RBU 与该 ISDN 服务器之间双通道通信正常,single 表示仅单通道通信正常,如果显示为 lost 或无显示,则表示通信连接已经完全丢失。

③RBC 对联锁系统接口(interlocking),“session is established”表示应用层连接已经建立,“session is up”表示底层通信正常但是应用层没有建立连接,“session is lost/terminated”表示通信连接丢失,如果没有显示对应的联锁信息,则表示通信连接尚未建立。

④RBC 对临时限速系统接口,“TSR server”表示 RBC 与 TSR 的链接状态,“session is up”表示通信正常,“session is lost/terminated”表示通信连接丢失,如果没有显示对应的 TSR 服务器信息,则表示通信连接尚未建立。“RBC status”表示 RBC 是否被 TSR 初始化。

⑤RBC 对列车通信接口,应用层连接状态(train communication session status)中,up 表示连接正常,down 表示连接断开。status 表示双方底层通信是否正常,connected 或 disconnected 分别表示通信正常或者断开。

(4)日志记录(log)

选择(log)选项,则可以进入日志记录页面,如图 3-1-12 所示。

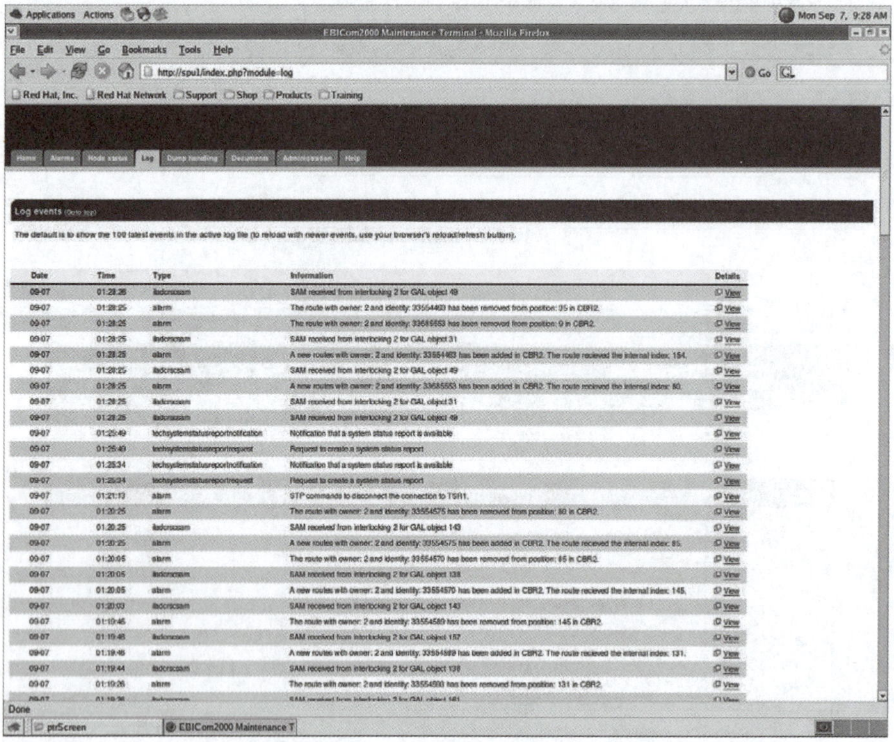

图 3-1-12　MT 日志页面

系统默认显示最新的 100 条,如果要查找特定的记录,可以使用页面上的筛选功能(filter log),如图 3-1-13 所示,可以通过选择指定的时间信息或者信息类别显示出目标日志,也可以手动输入时间段或者字符串查找匹配项。

如查询 10 min 内与车 10020791 有关的报警信息,并生成 XML 格式报表。

①选择 last 10 minutes。

②选择 alarm。

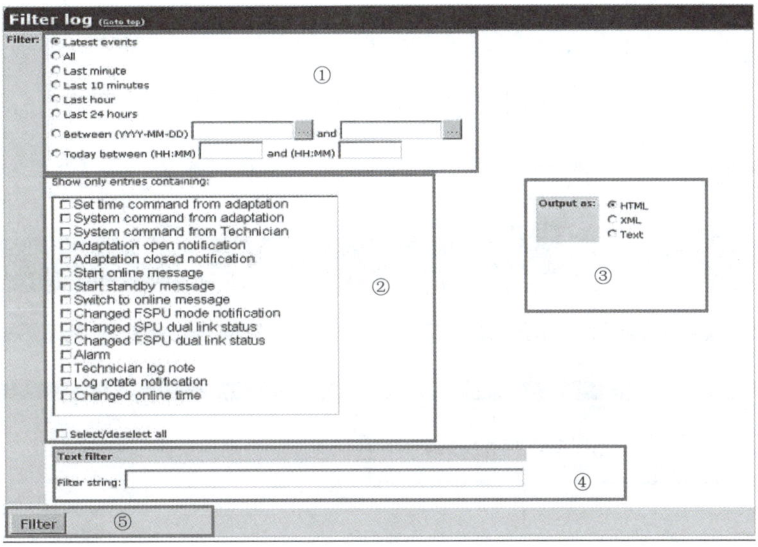

图 3-1-13　MT 日志筛选窗口

③选择 XML。

④输入 10020791。

⑤单击 filter。

选择 dump handling 选项，可以下载每次应用程序停止运行前的最后状态信息，当系统发生故障导致重启或者人工重启时，应用程序都将停止运行，此时系统会自动将最后的运行状态信息保存下来，并以 crashInfo. tar. gz. x(1～5)的名称显示在该页面中，可以右击文件名并选择另存，下载这些文件到指定的目录下或者磁盘中，以备技术人员分析，如图 3-1-14 所示。

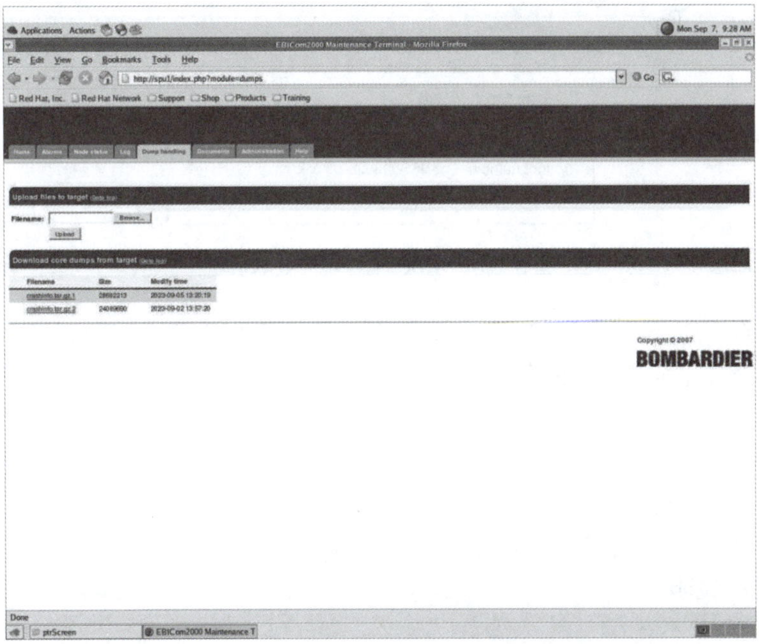

图 3-1-14　MT 系统崩溃信息下载页面

该页面每次最多显示 5 条记录，超出时将采用滚动覆盖的方式，因此每次发生系统故障之后应及时下载文件并保存。

选择 documents 选项，则可以进入文档页面，如图 3-1-15 所示。

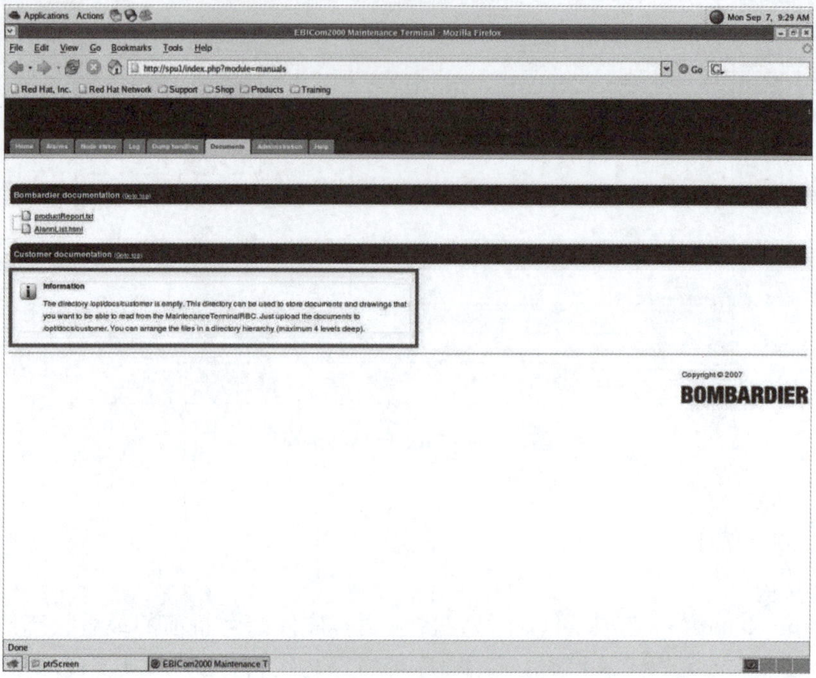

图 3-1-15　MT 文档信息页面

在该页面中，可以通过单击 productReport. txt 以读取软件版本信息，版本信息以文本方式显示，如图 3-1-16 所示。

Package name　　: rbs
Package file name : rbs.RBS_PilotLine_CRSC.setup
Product　　　　: RBS_PilotLine_CRSC-1.4.4
Product number　: 3NSS008525-01
Package created　: 2023-04-29 12:34:39

图 3-1-16　RBC 应用软件版本信息

当需要检查当前设备中安装的软件版本时，即可打开以上文本，对比所有内容是否与现场发布的产品信息完全一致，如图 3-1-16 所示。

当登录的用户名具有管理员权限时，可以选择 administration 选项，进入管理员页面，如图 3-1-17 所示。

禁止在此页面中进行任何操作！

注意：完成日常检查后应及时关闭 MT 软件，避免误操作。

6. VIA 操作说明

(1)VIA 工作状态查看

打开 D:\EBIScreen\WuGuang\Tools\system. exe，如图 3-1-18 所示。左为 VIA_L，右为 VIA_R，其中：

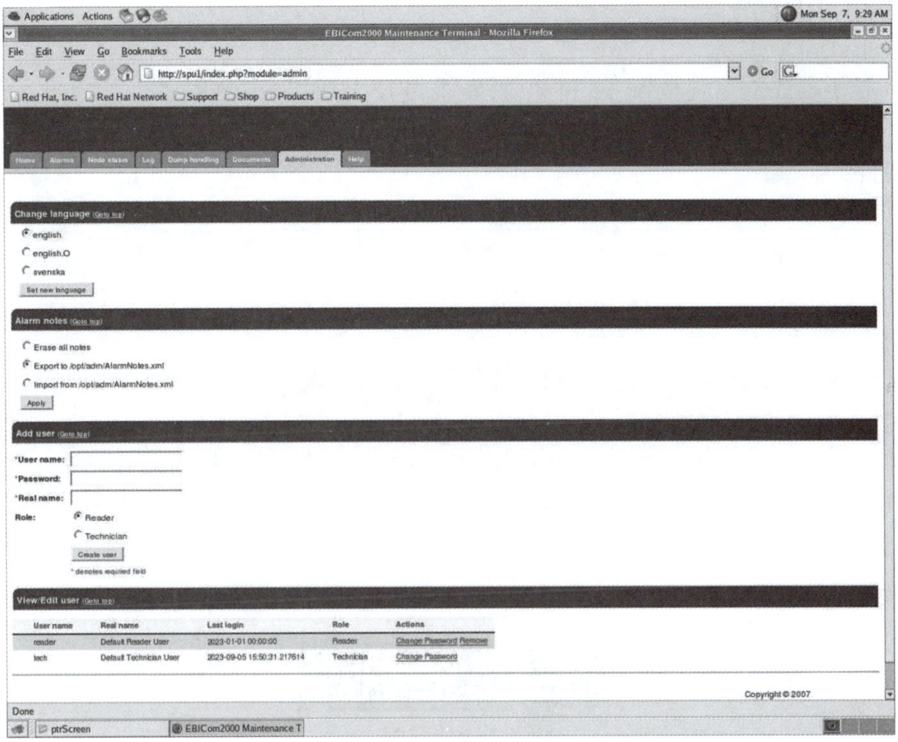

图 3-1-17　MT 管理员页面

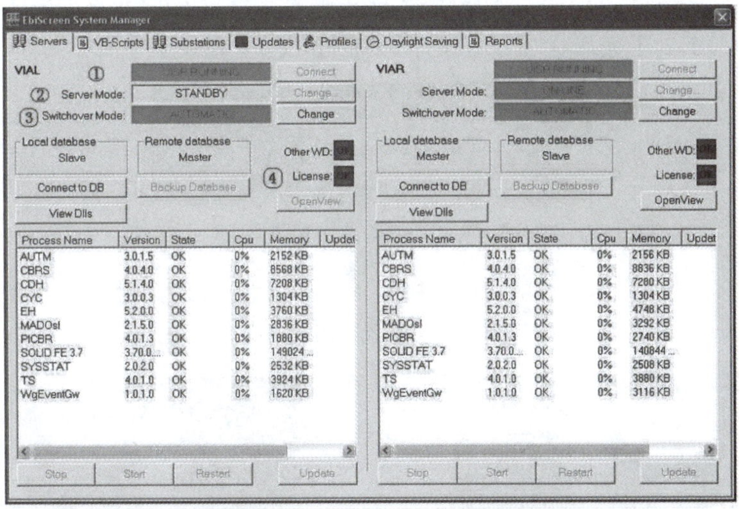

图 3-1-18　VIA 系统管理界面

①表示 UISR 运行状态 UISR running 和 UISR down。

②表示左右系主备状态，在线(on-line)、备用(standby)和离线(off-line)。当③处于 manual 时，可以通过右边的 change 按钮切换双机状态。

③表示主备系切换模式，自动(automatic)和手动(manual)，可以通过右边的 change 按钮切换。

④表明许可证的有效性，绿色表示许可证有效，其他颜色均表示许可证无效。

（2）VIA 事件文件

①程序日志文件

VIA 各子程序的事件被保存到两个服务器的 D:\EBIScreen\WuGuang\Server\Log 文件夹中。

②事件日志文件

各种事件被同时保存到两台服务器的 D:\EBIScreen\WuGuang\Server\Events1（Events2）两个目录的 yymmddhh. evh 文件中。

例如：文件 23090211. evh 记录了 2023 年 9 月 2 日 11:00 到 12:00 之间的各个事件。

③事件 CSV 文件

各种事件被保存到两台服务器的 D:\JruLogs\Events\yymmddhh. csv 文件中。

7. RBC 本地终端操作说明

本地终端的界面仅供维护人员查看当前系统工作状态，不允许对本地终端进行任何操作，包括但不限于重启 RBC、RBC 切系、列车注销等操作。

（1）界面

通过双击桌面的 uic. exe（图 3-1-19）快捷方式启动本地终端界面。

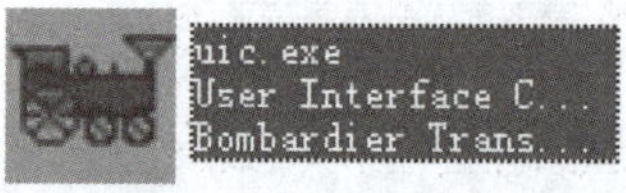

图 3-1-19　本地终端启动图标

接下来需要输入正确的用户名和密码才能进入本地终端界面。直到输入正确的用户名和密码前，整个系统处于锁死状态，此状态下不能进行操作。登录界面如图 3-1-20 所示。

图 3-1-20　本地终端登录页面

如果本地终端与 VIA 服务器的连接中断，信号机会闪红灯。通常情况下服务器一台会处于在线（绿灯），另一台会处于备用（黄灯）状态，如图 3-1-21 所示。

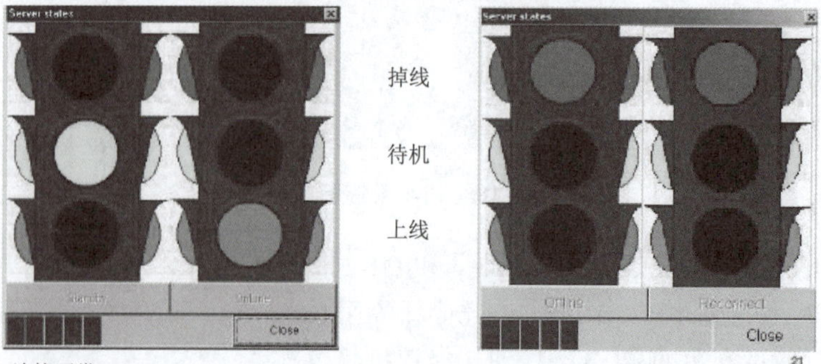

连接正常　　连接断开

图 3-1-21　本地终端与 VIA 通信指示界面

本地终端操作界面如图 3-1-22 所示。

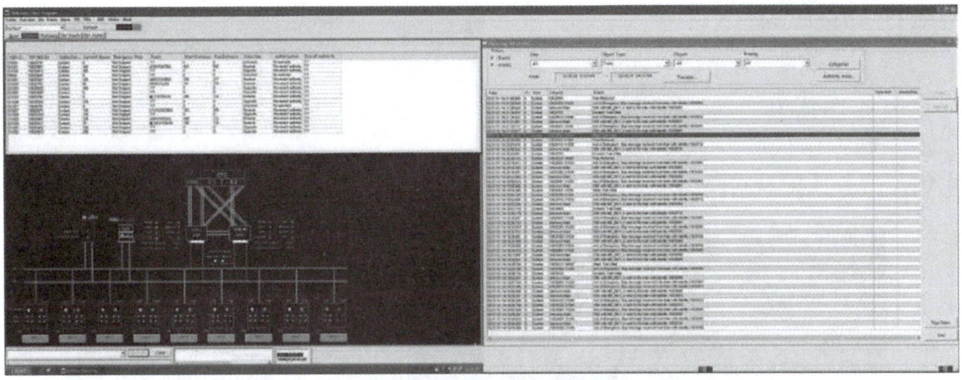

图 3-1-22　本地终端操作界面

(2)菜单栏

本地终端菜单栏包括系统、总览图、事件、报警等下拉式的命令菜单,如图 3-1-23 所示。

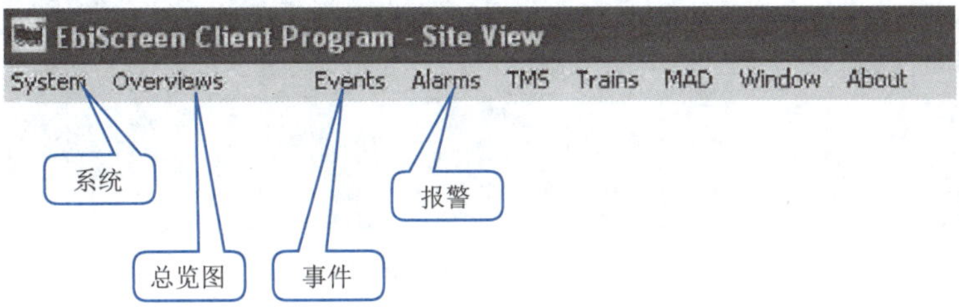

图 3-1-23　本地终端菜单

(3)系统菜单

本地终端系统菜单栏包含登录、登出、改变密码、打印活动文档、打印、设置、退出等命令,如图 3-1-24 所示。当用户已经登录时,登录命令会变成灰色。

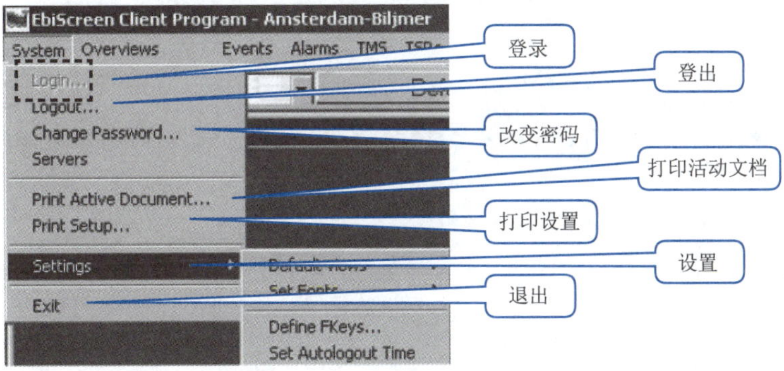

图 3-1-24　本地终端系统菜单栏

(4)总览图

VIA 系统连接总览图是通过点击主菜单 overviews 中的 picture 命令来打开的。VIA 系统连接总览图(图 3-1-25)显示下述信息:

①VIA 服务器工作状态。

②本地终端工作状态。

③各个系统与 VIA 的网络连接状态。

④RBC 工作状态。

⑤CTC 工作状态。

⑥CSM 工作状态。

⑦R-JRU 工作状态。

⑧VIA 服务器硬盘空间。图中如果是绿线则代表通信正常，如果是红线则代表通信故障。

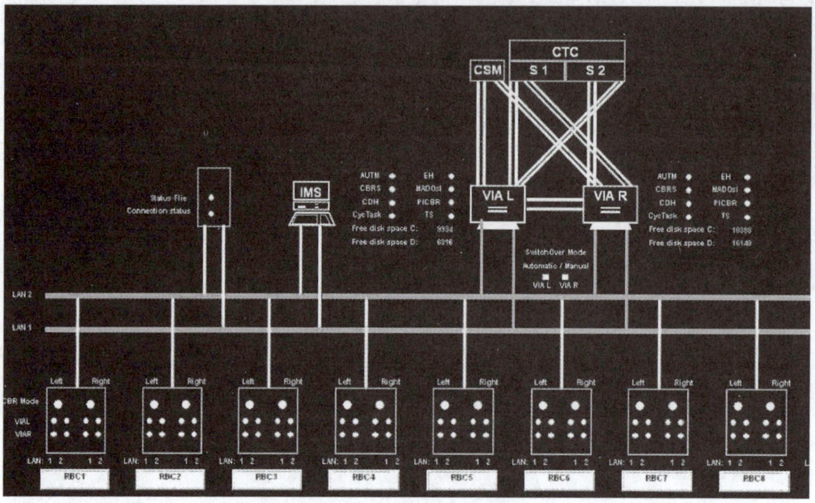

图 3-1-25　VIA 系统连接总览图

（5）事件和报警

窗口中显示了与 VIA 及本地终端有关的所有发生的事件，如图 3-1-26 所示。

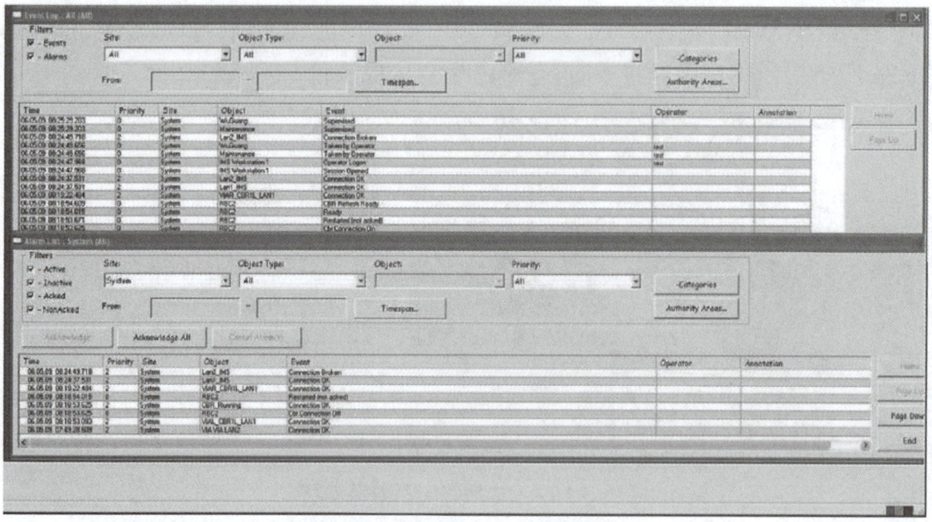

图 3-1-26　本地终端显示的事件记录

8. R-JRU 操作说明

RBC 司法记录单元（R-JRU）主要用于系统的维护和事故后的故障查询，通用的计算机硬件平台和以太网数据通信实现信息和事件的记录功能。

（1）一般功能

①R-JRU 软件能够实时地对数据进行完整的保存。

②R-JRU 必须能够确保所有的记录数据可以通过相应的下载工具进行下载。

③搜索功能，缩放功能。

④R-JRU 具有灵敏的周期性自检功能，能够检测到自身的错误，并将其保存。

⑤记录时间和操作对象。

⑥记录完整的数据包信息并保存 30 d。

⑦保存的数据不能因 R-JRU 电源掉电而丢失。

⑧当有事件发生时，R-JRU 能够及时检测到并将相应的数据保存。

（2）R-JRU 服务端启动方法

开启 R-JRU 服务器电源，等待 windows 启动完成后，输入用户名密码登录 windows。然后双击 C:\Bombardier\PROTrace\run_watchdog. bat 或者桌面的 run_watchdog. bat 快捷方式开启 R-JRU 程序。等待 R-JRU 启动完成后双击 C:\Bombardier\PROTrace\ run_reporter. bat 或者桌面的 run_reporter. bat 快捷方式开启 R-JRU-VIA 接口程序。

（3）R-JRU 客户端用户界面简介

R-JRU 客户端用户界面的用户登录界面如图 3-1-27 所示。

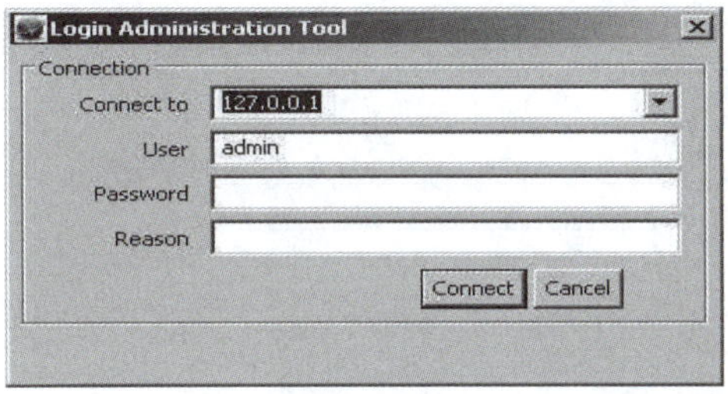

图 3-1-27 R-JRU 客户端登录界面

其中 connect to 表示 R-JRU 的服务器 IP 地址。user 和 password 就是使用者的用户名和密码。reason 是登录理由，必须填写。最后单击 connect 登录用户界面。

R-JRU 的用户界面主要有 5 栏信息：

components 栏中信息显示的是 R-JRU 系统的各个插件和子系统的工作状态。

message 栏显示的是 R-JRU 系统收到的各种信息。

states 栏显示的是子系统的状态。

notifications 栏显示的是系统的警告和信息，通过编写配置文件增加显示项目。

StatesTree 栏显示的是子系统的状态，通过编写配置文件增加显示项目。

①components 信息栏

components 组件菜单标签如图 3-1-28 所示。

其中每一栏都表示系统中的一个插件或者子系统，其状态为 alive、idle 或 connected 都表示正常，connecting 状态为插件或子系统出错。

②message 信息栏

本信息栏主要用于查询、输出和搜索查询结果。本标签下有四个区域，如图 3-1-29 所示。

a. 查询窗口

本区域为用户提供查询消息、输出查询结果、搜索查询结果的功能，如图 3-1-30 所示。

查询消息按键（query messages）允许用户查询消息，用户可以从协议选择窗口选择协议类型并从过滤条件选择窗口设置过滤条件。消息结果将显示在显示窗口中。

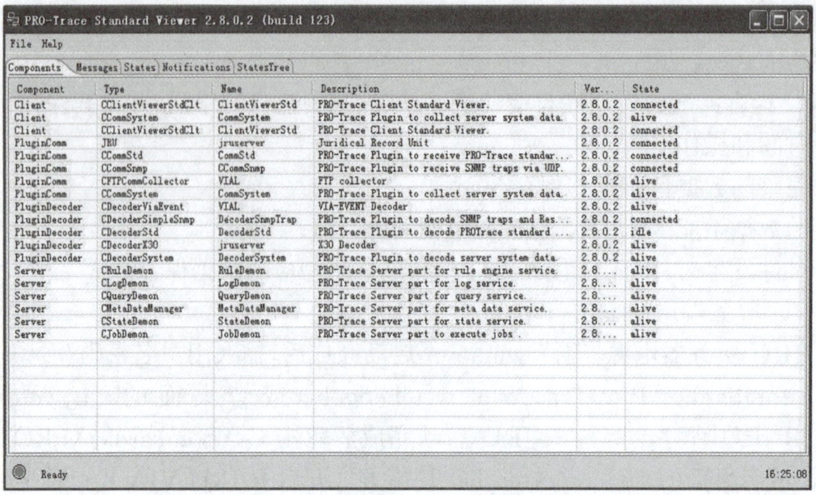

图 3-1-28 R-JRU Component 信息栏

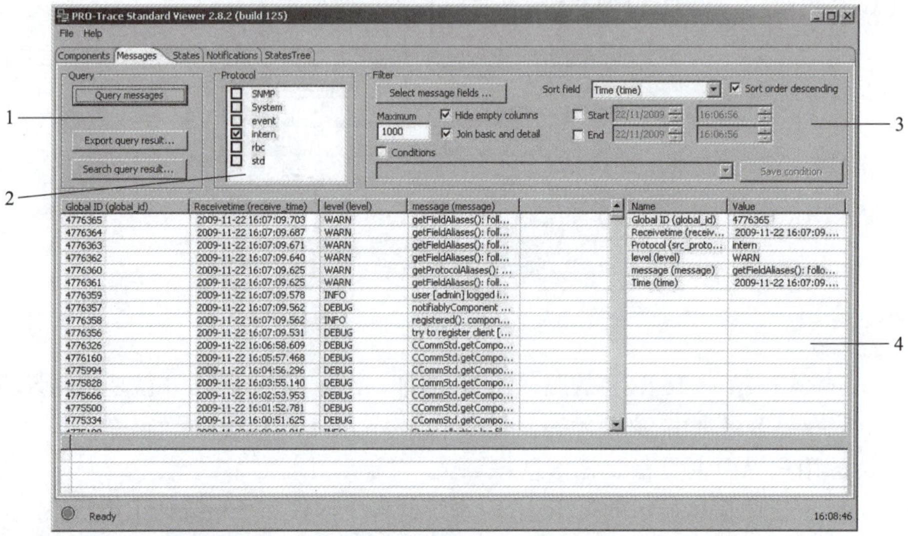

1—查询窗口；2—协议选择窗口；3—过滤条件选择窗口；4—显示窗口。

图 3-1-29 R-JRU message 信息栏

输出查询结果按键(export query result)会将用户查询的消息输出到外部文件中。

搜索查询结果按键(search query result)允许用户在所有查询结果中搜索。

b. 协议选择窗口

用户可以选择协议类型来缩小具体的搜索范围，可以为每个选择的协议获取不同日志消息，该区域允许选择一个或者多个协议勾选框，如图 3-1-31 所示。

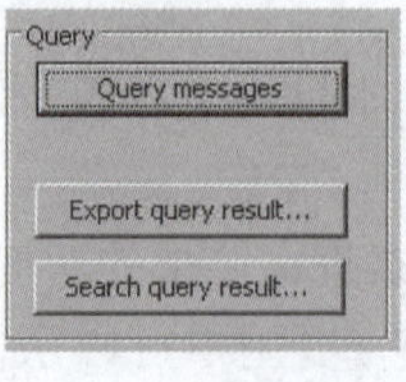

图 3-1-30 查询窗口

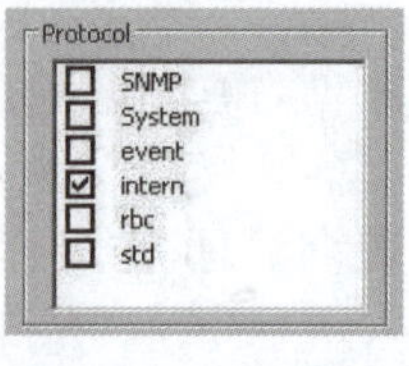

图 3-1-31 协议选择窗口

c. 过滤条件选择窗口

本区域允许用户选择过滤条件，如图 3-1-32 所示。

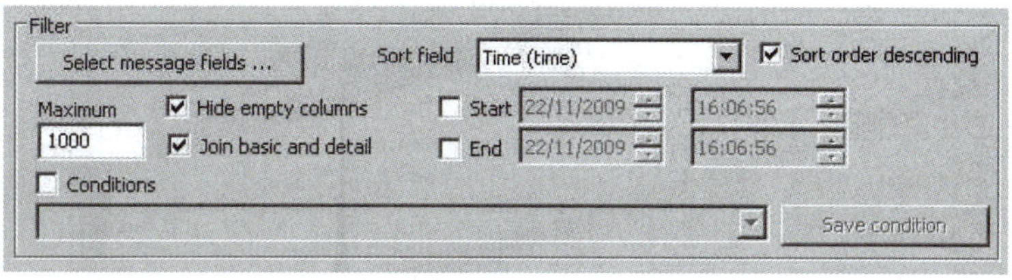

图 3-1-32　过滤条件选择窗口

(a)选择消息字段(select message fields)

用户可以选择在显示窗口显示的消息字段，如图 3-1-33 所示。当用户单击按键，将给出该"选择消息字段"对话框。此时要求用户选择需要显示的消息字段。

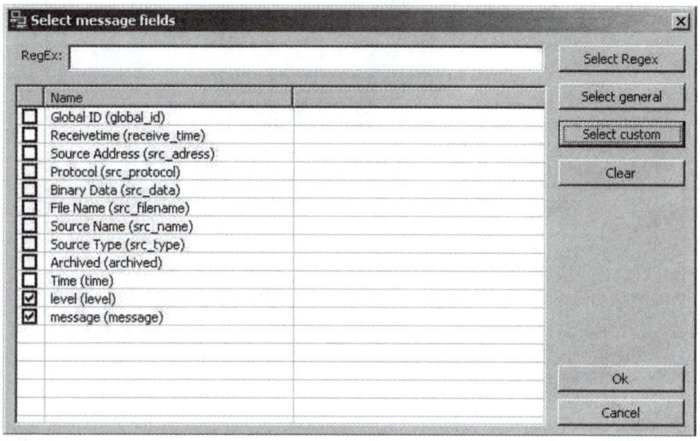

图 3-1-33　消息字段

可用消息字段：

Global ID(global_id)：全局 ID。

Receivetime(receive_time)：接收时间。

Source Address(src_address)：源地址。

Protocol(src_protocol)：源协议。

Binary Data(src_data)：源数据。

Source Name(src_name)：源文件名。

Source Type(src_type)：源类型。

Archive(archived)：存档(已存)。

level(level)：级别。

message(message)：消息。

注：如果消息记录没有原始时间标记，那么接收时间将被设定为被 R-JRU 服务器记录的时间。另外，如果有其自己的时间标记(原始时间标记)，那么接收时间将自动设定为此数值。

(b)最大值(maximum)

用户可以限定查询消息的数量。正在查询的消息越多，显示消息所耗费的时间也就越长。

(c)隐藏空栏(hide empty columns)

此功能可以隐藏空栏,这样空栏就不会显示在屏幕上了。

(d)加入基本信息和详细信息(join basic and detail)

此功能可以将基本信息和详细信息结合在一起,在显示屏上显示出来。如果不勾选此选项,可从详细信息子区看到这些信息。

(e)查询条件(conditions)

通过勾选"conditions"来设定条件。将鼠标指向条件输入条,即会弹出提示信息,指导如何设置过滤条件。一般而言,会把消息字段与希望搜索的数值设置在一起。见图 3-1-34 中的例子:过滤条件查询举例。例如需要查找 level 项为"INFO"的信息则可以在条件栏输入 level="INFO",单击"Query messages"按钮即可。

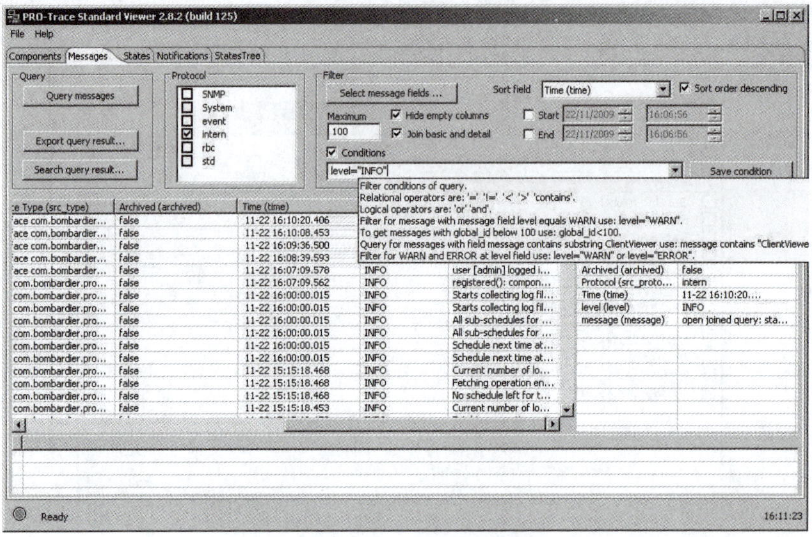

图 3-1-34　过滤条件查询举例

d. 显示窗口

显示窗口显示了根据所选协议和过滤条件的搜索结果。有四个子区:基本子区、数值子区、详细子区和状态条。

状态条显示了位于底部左侧边角上的状态指示器。正常状态显示为绿色,"就绪"和搜索过程期间显示为绿色,在底部右侧显示当前本地时间。如连接失败,状态条将显示为红色。使用者可点击红圈来重新连接服务器,如图 3-1-35 所示。

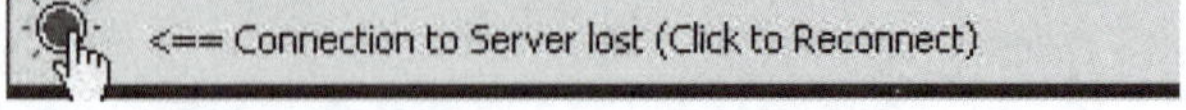

图 3-1-35　连接状态

③States 信息栏

States 信息栏如图 3-1-36 所示。

通过输入 Type 的类型,查询指定类型下的相关子系统的状态。其中,Type 为子系统状态类型,Name 为子系统名称,Value 为子系统状态。当 Value 的值为"1"时,表示当前子系统的状态为正常;当 Value 的值为"0"时,表示当前子系统的状态为故障。

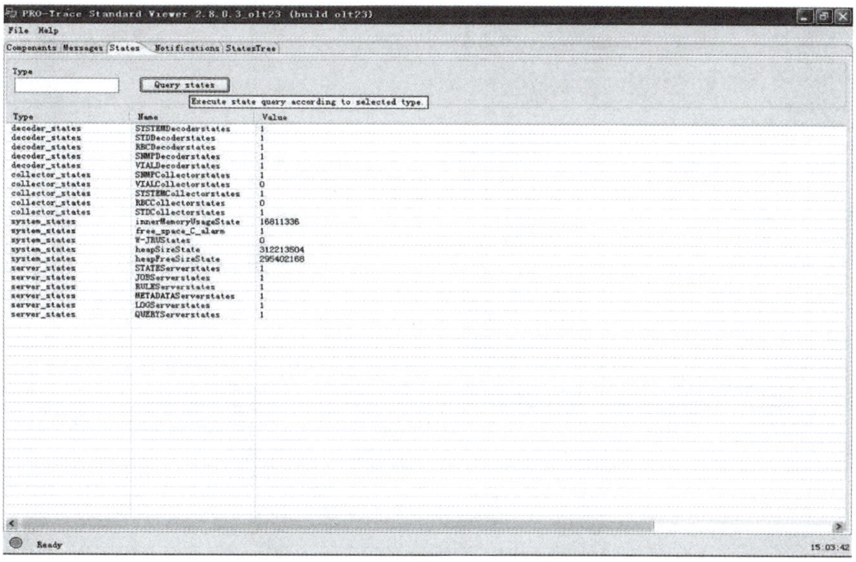

图 3-1-36　R-JRU States 信息栏

④Notifications 信息栏

Notifications 信息栏如图 3-1-37 所示。显示了当前的 R-JRU 的内存使用情况。

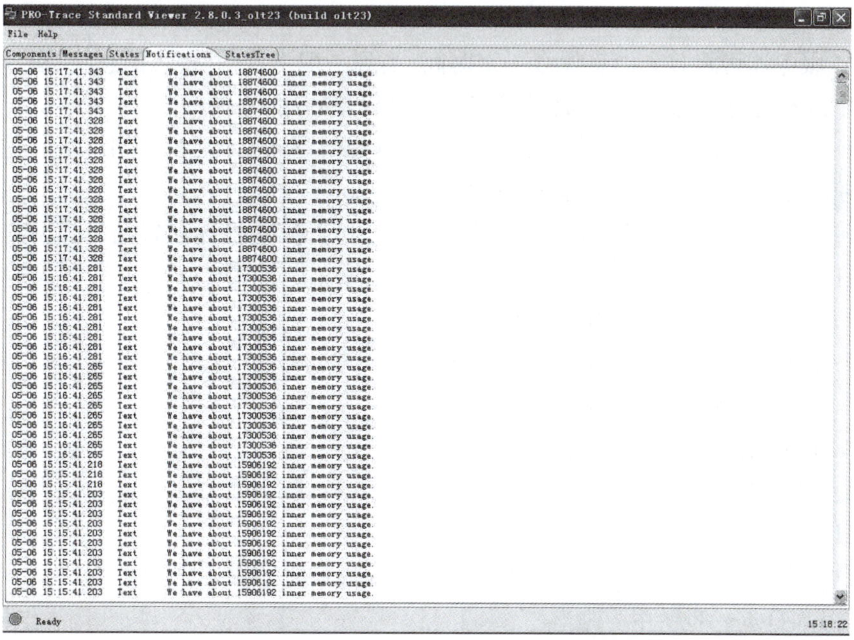

图 3-1-37　R-JRU Notifications 信息栏

⑤StatesTree 信息栏

StatesTree 信息栏如图 3-1-38 所示。

以树状的方式显示子系统的状态信息。其中，State 为子系统状态类型及其名称，Timestamp 为子系统状态的时间，Value 为子系统状态。当 Value 的值为“1”时，表示当前子系统的状态为正常；当 Value 的值为“0”时，表示当前子系统的状态为故障。

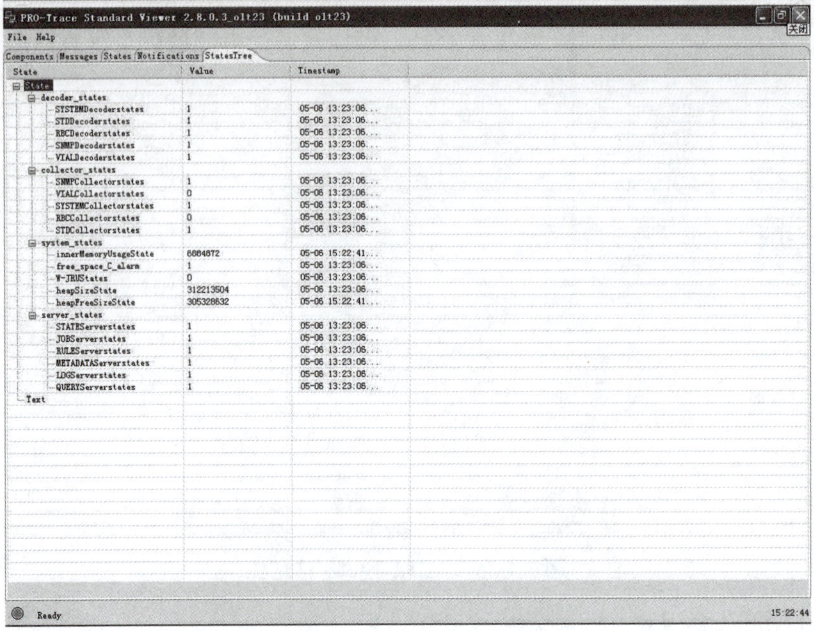

图 3-1-38 R-JRU States Tree 信息栏

(4)R-JRU 用户存档界面介绍

R-JRU 服务器可将日志消息保存一定时间,当到了截止日期,日志消息将被自动删除;也可用于用户搜索备份日志消息,并将其输出到文件以备后用。

存档日志消息是将日志消息的原始信息通过刻录机写入 CD/DVD 刻录盘。这些存储的日志可以随后在脱机的 R-JRU 日志管理系统中恢复。

本应用程序下主要执行两项操作:存储和输出。“存储”是机读形式的日志。“输出”是人读形式的日志。

R-JRU 用户存档界面主要有 4 栏信息:

Daily Archive/Export 是每日归档/输出信息栏。

User archive 是使用者存档信息栏。

User export 是用户输出信息栏。

Login 是登录信息栏。

①每日归档/输出信息栏

本信息栏允许用户对存储或输出日志消息进行每日时间设定。然后用户就可以将它们刻录到 CD/DVD 进一步使用。

有三个子区:每日归档配置区、每日输出配置区和刻录区,如图 3-1-39 所示。

a. 每日归档配置(Daily archive configuration)

在本小区中,有四个勾选框:

(a)激活(Enabled):设置每日归档的时间,允许用户压缩档案文件,对所选时间标记存档日志,把归档日志刻录到 CD/DVD 上。

(b)压缩存档文件(Compress the archive files):允许用户将文件压缩成 zip 格式。

(c)标记存档日志(Mark logs as archived):允许用户标记存档的日志,以告诉服务器这些

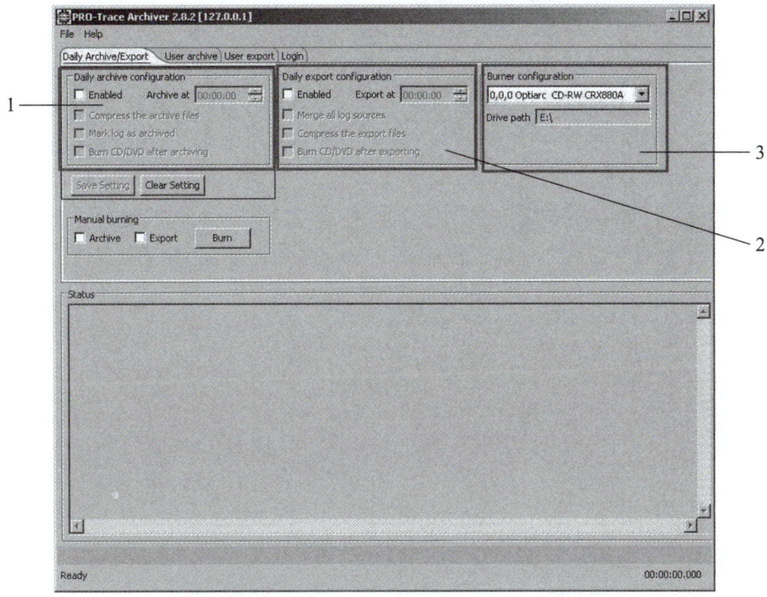

1—每日归档配置区；2—每日输出配置区；3—刻录区。

图 3-1-39　R-JRU Daily archive/Export 信息栏

已经存档，可随后删除。

(d)归档后刻录(Burn CD/DVD after archiving)：每日存档成功之后，存档的日志消息可以刻录到 CD/DVD 上。

b. 每日输出配置(Daily export configuration)

在本小区中，有四个勾选框：

(a)激活(Enabled)：设置每日输出的时间，允许用户压缩档案文件，把输出日志刻录到 CD/DVD 上。

(b)合并所有日志源(Merge all log sources)：在刻录过程开始之前，根据时间标记将各日志源中的日志记录合并。

(c)压缩存档文件(Compress the archive files)：允许用户将文件压缩成 zip 格式。

(d)归档后刻录(Burn CD/DVD after archiving)：每日存档成功之后，存档的日志消息可以刻录到 CD/DVD 上。

②用户存档信息栏

本信息栏允许用户在特定时间间隔手动存储日志。允许用户在该界面下，对一定时间段内的 log 文件进行存档并写入 CD/DVD，如图 3-1-40 所示。操作步骤如下：

a. 选择时间段和 log 源。

b. 选择导出配置。

c. 选择写 CD/DVD 配置。

状态区将显示执行操作的摘要状态。

以下是可用选项：

在创建新存档之前，删除旧存档(Delete old archives before creating new archive)：从硬盘上删除以前的存档文件。

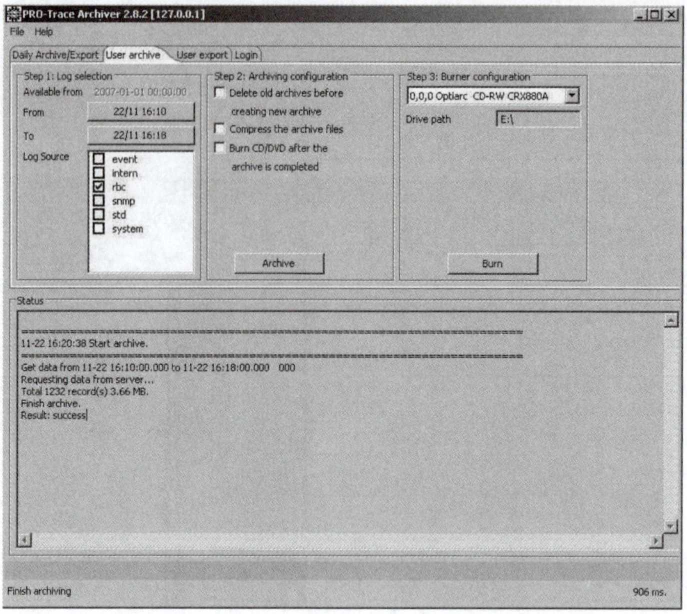

图 3-1-40 R-JRU User archive 信息栏

压缩存档文件(Compress the archive files):在刻录之前,将文件自动压缩成 zip 格式。

存档完成之后,刻录 CD/DVD(Burn the CD/DVD after the archive is completed):在完成存档过程之后,立即刻录日志。使用者须将一张空的 CD/DVD 盘插入进驱动器。

③用户输出信息栏

本信息栏允许用户在该界面下,对一定时间段内的 log 文件进行导出并写入 CD/DVD 中,如图 3-1-41 所示。操作步骤如下:

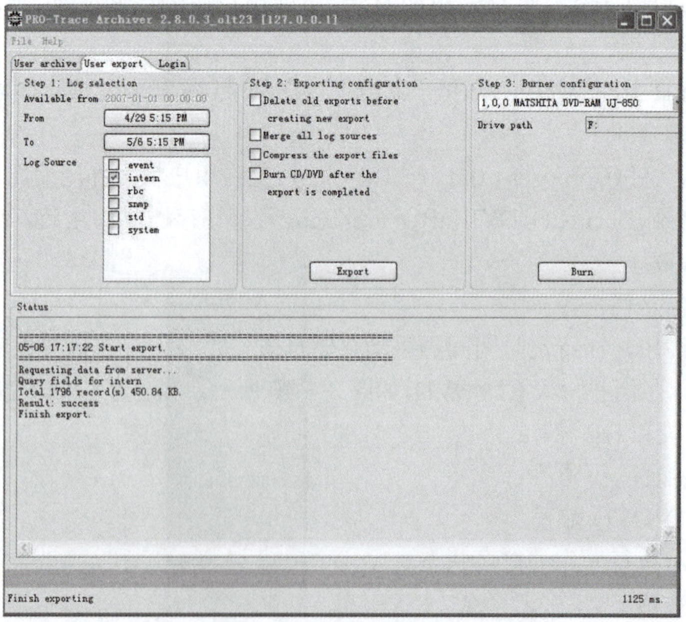

图 3-1-41 R-JRU User export 信息栏

a. 选择时间段和 log 源。

b. 选择导出配置。

c. 选择写 CD/DVD 配置。

User export 输出信息为可见格式。R-JRU Login 信息栏如图 3-1-42 所示。

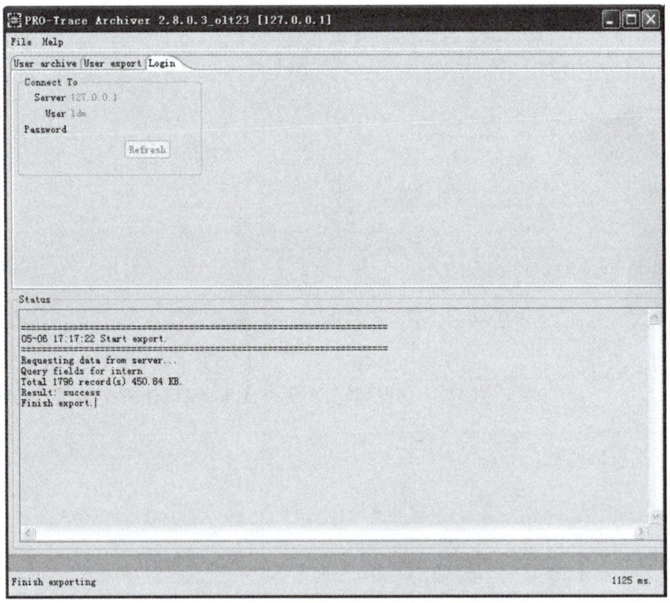

图 3-1-42　R-JRU Login 信息栏

④登录信息栏

本信息栏显示当前连接的服务器名和用户名。

该信息栏在连接条件下通常是不活动的。只有当连接丢失的时候，它才会处于活动状态，允许用户再次键入用户名和密码，用于确认接入正确。

【任务评价】

<table>
<tr><td colspan="2">项目名称</td><td></td><td>任务名称</td><td></td></tr>
<tr><td colspan="2">小组成员</td><td></td><td>综合评分</td><td></td></tr>
<tr><td rowspan="5">学生自评</td><td colspan="4">理论任务完成情况</td></tr>
<tr><td>序号</td><td>知识考核点</td><td>自评意见</td><td>自评结果</td></tr>
<tr><td>1</td><td>RBC 设备使用操作要求</td><td></td><td></td></tr>
<tr><td>2</td><td>RBC 组成</td><td></td><td></td></tr>
<tr><td>3</td><td>RBC 设备操作步骤</td><td></td><td></td></tr>
</table>

续上表

	训练任务完成情况			
学生自评	项目	内容	评价标准	自评结果
	训练准备			
	训练方法			
	质量考核			
	安全考核			
学习小组评价	团队合作□　动手操作能力□　信息获取能力□　交流沟通能力□ （根据完成任务情况填写：A 优秀；B 良好；C 合格；D 有待改进）			
教师评价				

学习活动二　RBC 日常维护

当 RBC 系统投入运营之后，在系统工作期间，应周期性地检查系统工作状态，表 3-1-1～表 3-1-11 列出了必须执行的维护项目，包括维护周期和方法。

表 3-1-1　监测设备工作环境

目的	监测设备工作环境
时间	实时
目标项	RBC 机械室环境
方法	RBC 机械室房间应采用实时温度监测系统，当室内工作温度超过 30 ℃时，对外界实施报警。如果出现空调故障、断电等情况，机械室内温度会迅速上升，如不及时处理将造成设备损坏。为保证设备使用寿命，室内工作温度应尽量保持在 18～20 ℃

表 3-1-2　检查设备工作环境

目的	检查设备工作环境
时间	每天
目标项	RBC 机械室环境
方法	人工检查室内是否清洁并做好防尘、除尘措施

表 3-1-3　检查系统的显示、切换是否正常

目的	检查系统的显示、切换是否正常
时间	每天
目标项	RBC 机柜、VIA 机柜
方法	通过 PrtScreen 键切换柜内的显示界面，逐个检查服务器工作状态，观察是否出现黑屏、显示不正常等现象。如不正常，则检查相关供电、显示、通信连接是否存在故障；逐个观察服务器的硬件指示灯是否正常，包括硬盘指示灯和信息面板指示灯；检查柜内交换机工作指示灯是否正常

表 3-1-4　检查 RBC 系统工作状态

目的	检查 RBC 系统工作状态
时间	每天
目标项	RBC 系统状态
方法	通过 RBC 本地终端的显示界面检查 RBC 系统工作状态，包括： (1)RBC 系统内部连接显示是否正常。 (2)RBC 系统工作状态是否正常。 (3)RBC 是否发生过主备切换。 (4)VIA 工作状态是否正常。 (5)JRU 工作状态是否正常。 (6)VIA 对 CTC 接口显示是否正常。 (7)VIA 对集中监测接口显示是否正常

表 3-1-5　检查 RBC 系统接口状态

目的	检查 RBC 系统接口状态
时间	每天
目标项	RBC 设备接口
方法	通过 RBC 维护终端检查每个 RBC 系统的接口状态，包括： (1)RBC 内部对 ISDN 服务器的连接状态。 (2)RBC 对联锁接口连接状态。 (3)RBC 对 TSR 接口连接状态(包括 RBC 初始化状态)

表 3-1-6　检查 VPC_C 是否存留有过多的 log 记录文件

目的	检查 VPC_C 是否存留有过多的 log 记录文件
时间	每月
目标项	每个 VPC_C 服务器
方法	在 VPC_C 中，log 文件存放在/var/event 文件夹中，每当记录数据超过 100 MB 时，系统都将 eventlog 文件名生成一个新的 log 文件，同时更改旧有的记录文件名称，比如在该路径下发现存有以下记录文件：eventlog，eventlog. 1，eventlog. 2，……，eventlog. 10，则表明系统中目前有 11 个 log 文件，其中 eventlog 文件是当前在用的记录文件。eventlog. 10 则为最早的记录文件。 如果检查时发现 log 文件已经超过 10 个，则应操作删除早先的 log 文件，仅保留最近的三个，即 eventlog，eventlog. 1，eventlog. 2，其他都应被删除，以释放系统空间，检查和删除方法如下： (1)进入/var/evlog 文件夹，此处为 log 文件的存放目录。 (2)检查是否存在 log 文件数量是否满足超过 10 个。 (3)若有，则删除满足条件的 log 文件。 注意：该项属于对主机文件的直接操作，应小心避免删除其他文件

表 3-1-7　检查 VPC_I 是否存留有过多的 log 记录文件

目的	检查 VPC_I 是否存留有过多的 log 记录文件
时间	每月
目标项	每个 VPC_I 服务器
方法	在 VPC_I 中，log 文件存放在/opt/isdn 文件夹中，每当记录数据超过 20 MB 时，系统都将 STULOG＊＊.BIN 文件名生成一个新的 log 文件，其中＊＊为 2 位数的数字，从 00 开始，每新生成一次文件依次加 1，比如在该路径下发现存有以下记录文件：STULOG00，STULOG01，STULOG02，则表明系统中目前有三个 log 文件，其中 STULOG02 文件为当前在用的记录文件，STULOG00 则为最早的记录文件；如果检查时发现 log 文件已经超过 50 个，则复制出所有的 log 文件，然后在 VPC_I 上将其删除，以防止其占用更多的系统空间，检查和操作方法如下： (1)进入/opt/isdn 文件夹，此处为 log 文件的存放目录。 (2)检查 log 文件数量是否超过 50 个。 (3)如果是，参考以下的“注意 1”，然后决定何时进行下列后续操作。 (4)复制所有 log 文件到外部存储器中(保存一个月)。 (5)删除所有 log 文件。 (6)拔除外部存储器。 (7)执行“service vpu restart”重启 VPC_I 服务器。 (8)待重启完成之后，在 RBC 维护终端中检查该 VPC_I 的连接状态。 注意：1. 由于此处需要接入外部存储器(如 U 盘)并重启 ISDN 服务器，因此需要确保在进行该项工作时，没有列车在该 RBC 的管辖下运行。 2. 该项属于对主机文件的直接操作，应小心操作防止误删其他文件

表 3-1-8　检查 VIA 是否留有足够的自由硬盘空间

目的	检查 VIA 是否留有足够的自由硬盘空间
时间	每天
目标项	VIA 服务器空间
方法	定期检查 RBC 本地终端上显示的 VIA 服务器硬盘空间大小，如果 VIA 服务器硬盘空间剩余不足 5 000 MB，需要手动删除 VIA 各个子程序的事件。其 log 文件存储格式为程序名＋记录时间。记录时间每两位为一组，从前至后分别表示年、月、日、时、分。 注意：MsgLogs 和 Events1/2 记录中时间表示为年、月、日、时。 (1)删除 D:\ EBIScreen\WuGuang\Server\Log 文件夹中 7 天以前的所有记录(记录时间每两位为一组从前之后分别表示年、月、日、时、分)。 (2)删除 D:\ EBIScreen\WuGuang\Server\MsgLogs 文件夹中 7 天以前的所有记录(记录时间每两位为一组，从前至后分别表示年、月、日、时)。 (3)删除 D:\EBI Screen\WuGuang\Server\Events1 和 D:\EBI Screen\Wu Guang\Server\Events2 文件夹中 7 天以前的所有记录(记录时间每两位为一组从前之后分别表示年、月、日、时)。 如果需要复制 log 记录，需要进行如下操作： (1)复制 D:\ EBI Screen\Wu Guang\Server\Log 文件夹中所需要的所有记录。 (2)复制 D:\ EBI Screen\Wu Guang\Server\Msg Logs 文件夹中所需要的所有记录。 (3)复制 D:\EBI Screen\Wu Guang\Server\Events1 和 D:\EBI Scr-een\WuGuang\Server\Events2 文件夹中所需要的所有记录

表 3-1-9　检查 JRU 服务器是否留有足够的自由硬盘空间

目的	检查 JRU 服务器是否留有足够的自由硬盘空间
时间	每月
目标项	JRU 服务器空间

续上表

<table>
<tr><td>方法</td><td>定期检查 R-JRU 服务器的硬盘空间大小，如果 R-JRU 服务器硬盘空间剩余不足 10 GB，需要在 R-JRU 程序正常运行的情况下，手动启动 C:\Bom-bardier\PROTrace\run_archiver. bat 或桌面的 run_archiver. -bat 快捷方式，单击 User export 信息栏备份数据
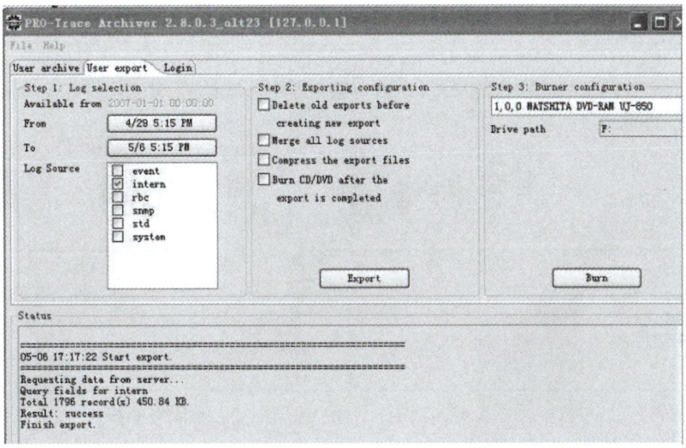
(1)选择时间段和 log 源。
(2)选择导出配置。
(3)选择写 CD/DVD 配置。
在导出数据成功完成后，启动 C:\Bombardier\PROTrace\run_admin-. bat 或桌面的 run_admin. bat 快捷方式。登录进入后，单击 Protocol Message 栏，单击 Delete data all。
注意：此操作仅限于 R-JRU 服务器硬盘空间剩余不足 10 GB 的情况下使用，其他情况下请勿使用</td></tr>
</table>

表 3-1-10　检查 VIA 和本地终端的日期和时间是否正确和一致

<table>
<tr><td>目的</td><td>检查 VIA 和本地终端的日期和时间是否正确和一致</td></tr>
<tr><td>时间</td><td>每月</td></tr>
<tr><td>目标项</td><td>VIA 服务器/本地终端时钟</td></tr>
<tr><td>方法</td><td>CTC 时钟是所有计算机进行时间同步的主时钟：它同步 VIA L 和 VIA R 的时钟，而 VIA 则继续用于同步 RBC、R-JRU 和本地终端的时钟。时间同步过程是由计算机的 Windows 时间服务(Windows Time service)自动完成的：开始(Start)、程序(Programs)、管理工具(Administrative Tools)、服务(Services)。
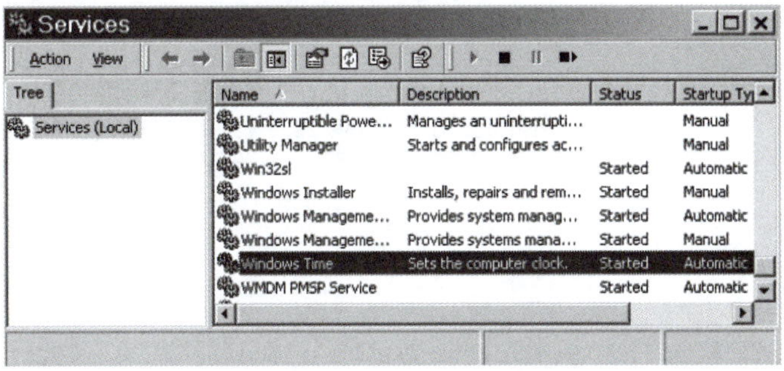
如果 ICR_WG 计算机的时钟不与主时钟保持一致，请按如下操作：
在 Windows 命令提示窗口中输入 net time /querysntp 命令，检查计算机是否配置使用了 SNTP 协议。将会获得 VIA-L 的 TCP/IP 地址响应。如果没有得到响应，本地终端请输入命令：net time /setsntp:192. 20. 0. 2[=VIA-L 的 TCP/IP 地址]。
使用 Windows 服务窗口检查是否运行了 Windows 时间服务。如果没有运行，使用启动选项自动运行(Automatic)启动 Windows 时间服务。
如果需要即时同步，请按如下操作：
确保计算机和主时钟之间的时间差小于 10 min。如果大于 10 min，调整计算机的时钟</td></tr>
</table>

表 3-1-11　检查许可证 EbiScreen 的有效性

<table>
<tr><td>目的</td><td>检查许可证 EbiScreen 的有效性</td></tr>
<tr><td>时间</td><td>每月</td></tr>
<tr><td>目标项</td><td>每个 VIA 服务器</td></tr>
<tr><td>方法</td><td>许可证状态在 SYSMAN 的表单服务器中可以看到：绿色代表有效的许可证，其他颜色代表无效的许可证

</td></tr>
</table>

【任务评价】

<table>
<tr><td colspan="2">项目名称</td><td></td><td>任务名称</td><td></td></tr>
<tr><td colspan="2">小组成员</td><td></td><td>综合评分</td><td></td></tr>
<tr><td rowspan="10">学生自评</td><td colspan="4">理论任务完成情况</td></tr>
<tr><td>序号</td><td>知识考核点</td><td>自评意见</td><td>自评结果</td></tr>
<tr><td>1</td><td>RBC 日常维护步骤</td><td></td><td></td></tr>
<tr><td colspan="4">训练任务完成情况</td></tr>
<tr><td>项目</td><td>内容</td><td>评价标准</td><td>自评结果</td></tr>
<tr><td>训练准备</td><td></td><td></td><td></td></tr>
<tr><td>训练方法</td><td></td><td></td><td></td></tr>
<tr><td>质量考核</td><td></td><td></td><td></td></tr>
<tr><td>安全考核</td><td></td><td></td><td></td></tr>
<tr><td colspan="4"></td></tr>
<tr><td>学习小组评价</td><td colspan="4">团队合作□　动手操作能力□　信息获取能力□　交流沟通能力□
（根据完成任务情况填写：A 优秀；B 良好；C 合格；D 有待改进）</td></tr>
<tr><td>教师评价</td><td colspan="4"></td></tr>
</table>

学习活动三　RICAM2 模块的调测

（一）本地维护软件（TML）调测

本地维护软件（TML）调测应按以下步骤进行：

(1)通过网线连接安装有 TIL 本地安装终端软件的 PC 和 RICAM2 板卡的 Eth0 接口，如图 3-1-43 所示。

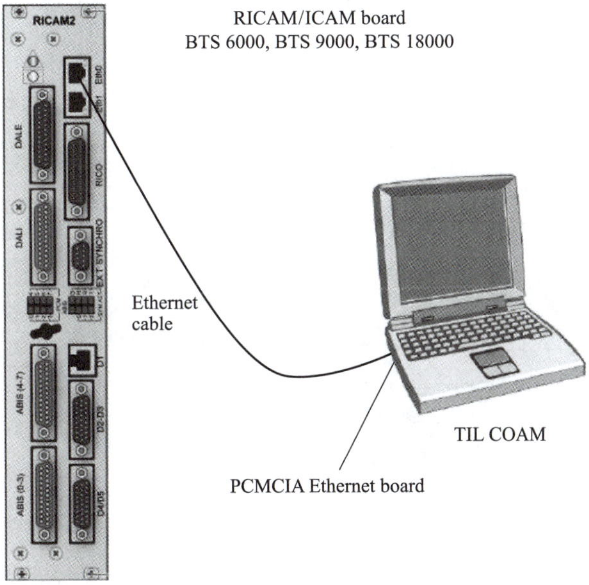

图 3-1-43　接口示意图

(2)启动 TIL 工具：RICAM2 的缺省 IP 地址为 223.254.254.233/234，可以设置测试 PC 的地址为 223.254.254.230。

(3)语言选择 English/Anglais，BTS configuration 选择 BTS18000 RICAM2，如图 3-1-44 所示。

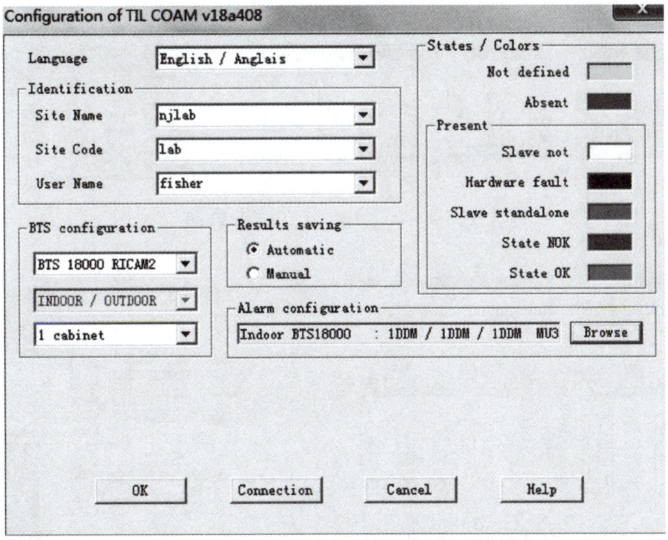

图 3-1-44　语言选择界面

(4)根据网络连接实际选择 Peer to Peer 或者 Ethernet Network，如图 3-1-45 所示。

(5)连接建立后的主页面，如图 3-1-46 所示。

(6)RICAM2 的部分在右上角显示，如图 3-1-47 所示。主用 ICM A 下的部件如 PCM、

SYN 以实体显示;备用 ICM B 下的部件则为灰色。选择主用 ICM A,单击 Bists 测试,确保测试结果内全部为绿色显示,则表明板卡工作正常,如图 3-1-48 所示。

(7)选择主用 ICM A 下的 PCM Paramater Display,检查核实参数设置与该基站的配置相同,如图 3-1-48、图 3-1-49 所示。

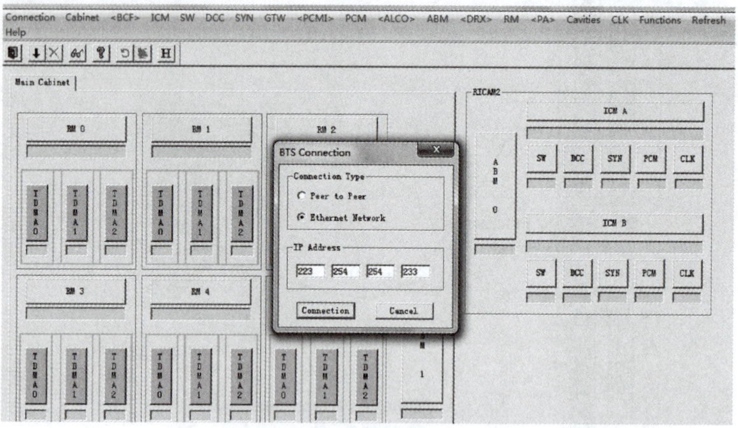

图 3-1-45 网络连接选择界面

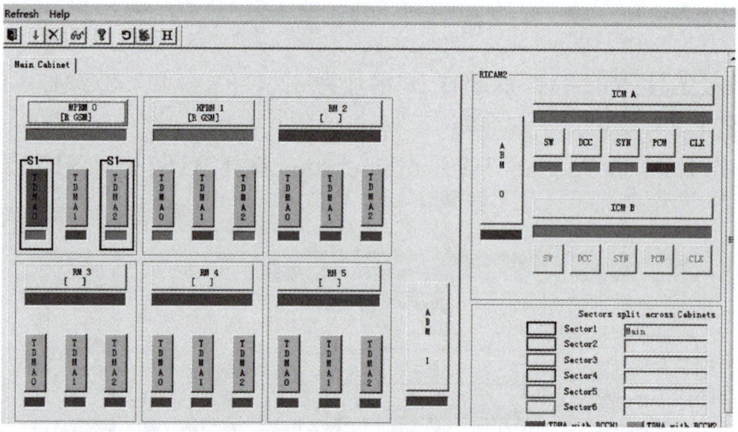

图 3-1-46 连接建立后主页面

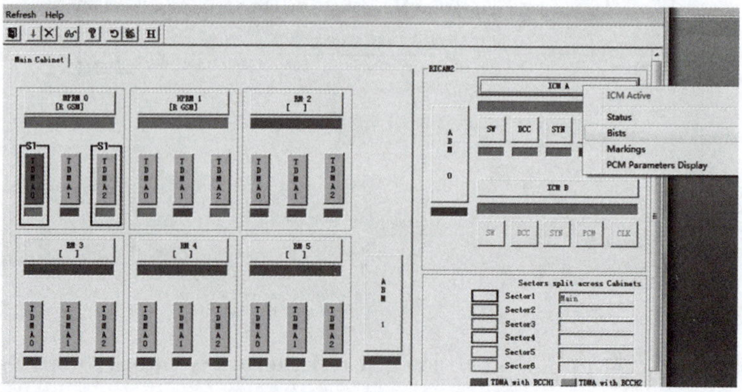

图 3-1-47 RICAM2 页面

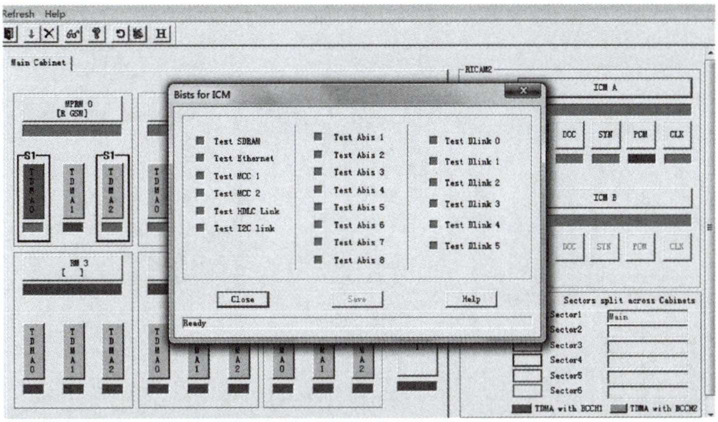

图 3-1-48　板卡工作正常页面

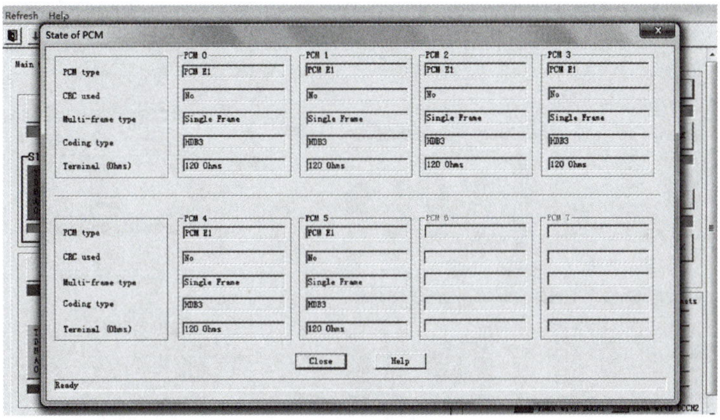

图 3-1-49　PCM 页面

(8)选择备用 ICM B,单击 Bists 测试,确保测试结果内全部为绿色显示,则表明板卡工作正常。

(9)选择 ABM O,单击 Bists,确保结果显示全部内容都为绿色,如图 3-1-50、图 3-1-51 所示。调测界面如图 3-1-52 所示。

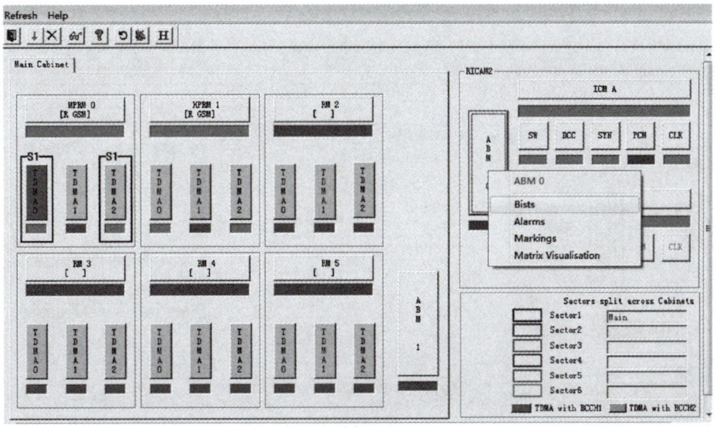

图 3-1-50　选择 ABM O 页面

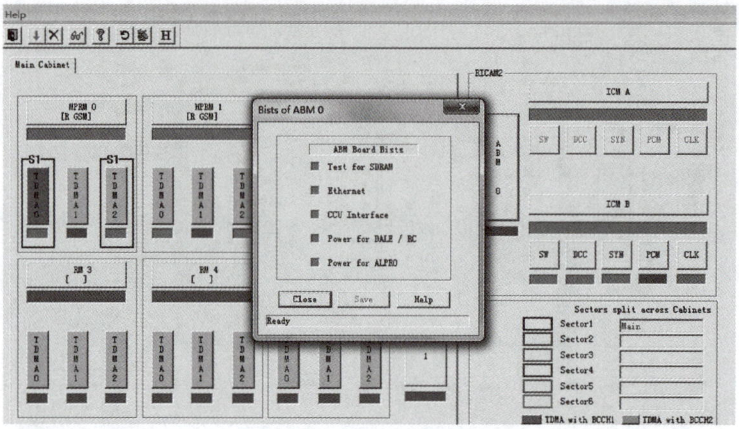

图 3-1-51　单击 Bists 页面

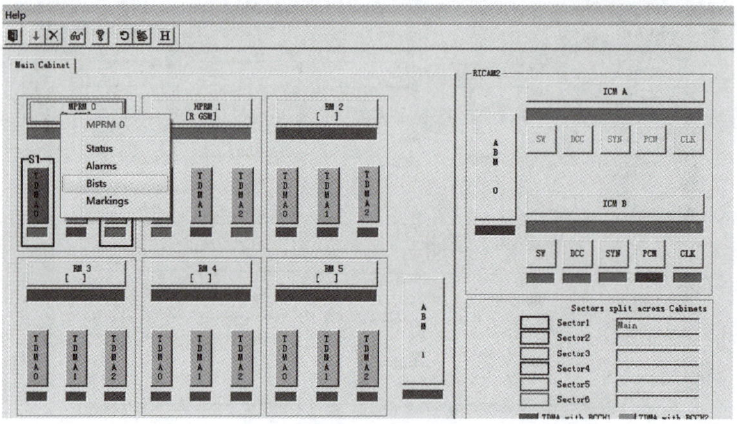

图 3-1-52　调测界面

（二）RM2 模块调测

连接方式主界面的左侧是 RM2 部分，调测步骤为：

(1)选择 RM/MPRM，单击 Bists，确保所有项目都是绿色，表明板卡正常工作，如图 3-1-53 所示。

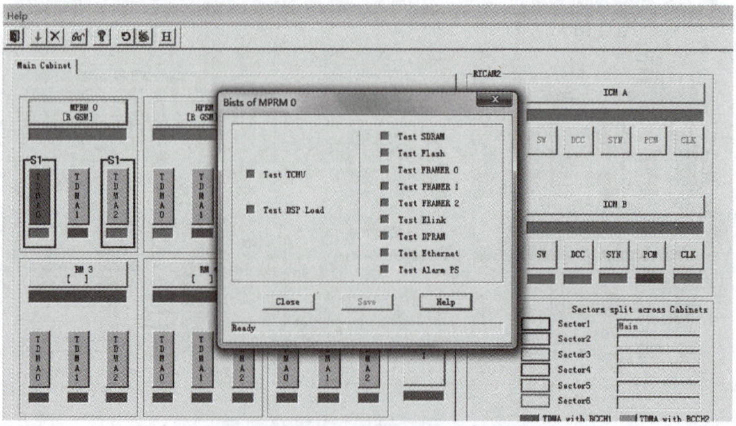

图 3-1-53　板卡工作正常显示

(2)选择 TDMA O 目标,单击 Bists,确保所有项目都是绿色,表明板卡正常工作,如图 3-1-54、图 3-1-55 所示。

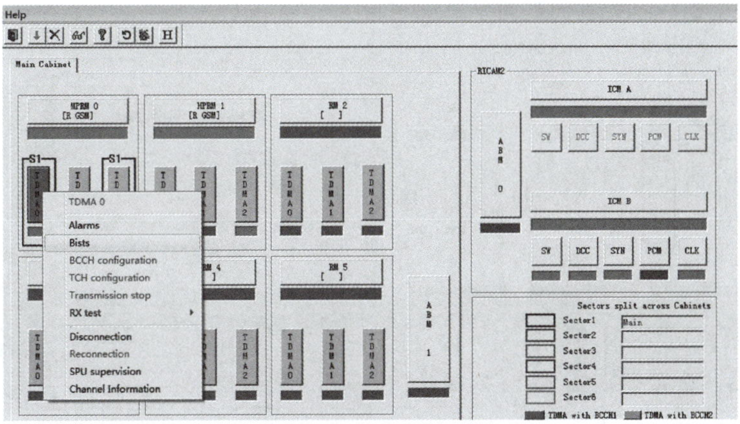

图 3-1-54　TOMA 界面

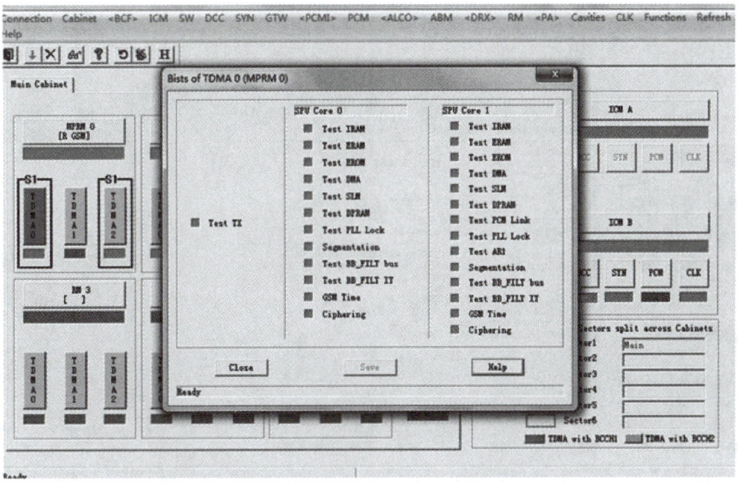

图 3-1-55　板卡正常工作界面

(3)选择 TDMA O 目标,单击 SPU supervision,如图 3-1-56 所示。

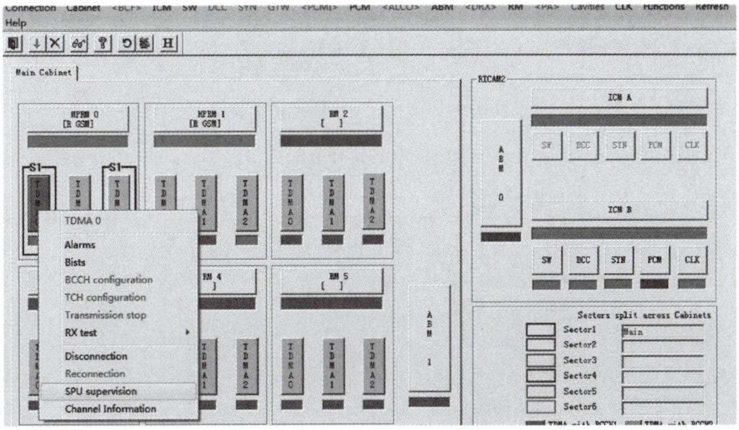

图 3-1-56　SUP supervision 界面

(4)选择菜单中的“Function”的下拉菜单项 Inventory，检查各板卡详情，如图 3-1-57、图 3-1-58 所示。

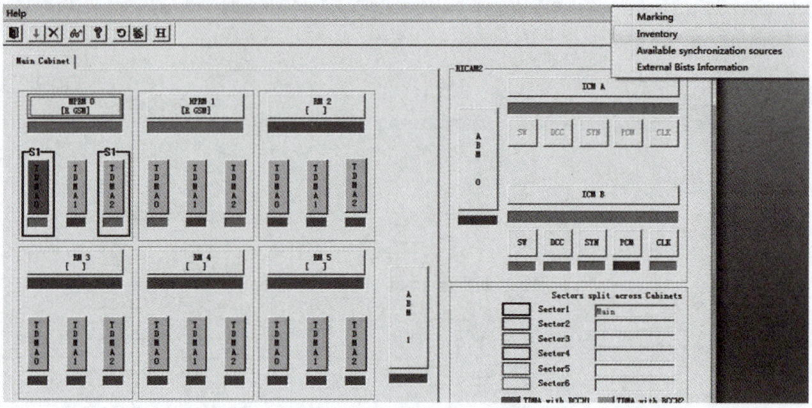

图 3-1-57　Inventory 界面

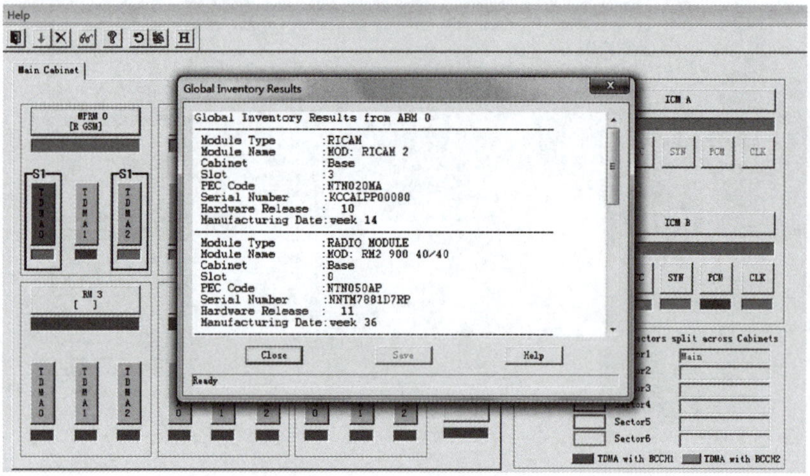

图 3-1-58　板卡信息界面

【任务评价】

项目名称			任务名称	
小组成员			综合评分	
学生自评	理论任务完成情况			
	序号	知识考核点	自评意见	自评结果
	1	本地维护软件(TML)调测步骤		
	2	RM2 模块调测步骤		

续上表

学生自评	训练任务完成情况			
	项目	内容	评价标准	自评结果
	训练准备			
	训练方法			
	质量考核			
	安全考核			
学习小组评价	团队合作□　动手操作能力□　信息获取能力□　交流沟通能力□ （根据完成任务情况填写：A 优秀；B 良好；C 合格；D 有待改进）			
教师评价				

【任务关联知识】

一、RBC 概述

（一）主要用途及适用范围

无线闭塞中心（RBC）是基于故障—安全计算机平台的信号控制系统，属于 CTCS-3 级列车运行控制系统的地面核心设备。RBC 根据所控制列车的状态，控制范围内的轨道占用、列车进路状态、临时限速命令、灾害防护和线路参数等信息，产生针对所控列车的移动授权（MA）信息，并通过 GSM-R 无线通信系统传输给车载子系统，保证其管辖范围内列车的运行安全。无线闭塞中心适用于运用 CTCS-3 级列车运行控制系统的客运专线。

（二）RBC 特点

RBC 基于二乘二取二安全计算机平台，遵循安全性原则，实现列车控制，具有以下特点：

（1）RBC 系统基于通用服务器、通用操作系统和以太网构成。

（2）安全平台由不同的故障—安全处理单元和操作系统构成。应用软件采用冗余技术，对运算和表决采用不同的策略。

（3）RBC 所有接口均通过以太网连接，因此 RBC 可设置在具备通信网络的任何地点。

（4）CTCS-3 级列控系统的每一台 RBC 均为冗余结构，并采用热备工作方式。

(5)系统具有配套的离线数据生成、系统配置软件和测试软件,数据可靠性强,逻辑程序与数据分离,产品生成周期短。

(6)系统结构简单、合理,安全性和可靠性达到国际标准。

(7)系统具有高安全性、高可靠性和易维护、少维修、易扩展的优点。

二、系统结构、功能及接口

(一)结构

RBC 系统主要由 RBC、多用途接口适配器 VIA、R-JRU 和 RBC 本地终端 4 类设备组成。

1. RBC

RBC 主要包括无线闭塞单元(RBU)和 ISDN 服务器,以及测试服务器、通信交换机设备及显示、操作设备。整体外形如图 3-1-59 所示。

图 3-1-59 RBC 外观图

(1)RBU

RBU 是 RBC 系统的核心逻辑处理单元,包括网络系统、硬件平台、操作系统、故障—安全处理软件、应用逻辑软件、工程配置数据等。其系统框架为基于通用计算服务器的二乘二取二计算机系统。

无线闭塞单元采用冗余结构,每一系由三台服务器组成,分别为 VPC_A、VPC_B 和 VPC_C,其中 VPC_A 和 VPC_B 为故障—安全处理单元,又分别称为 FSPA 和 FSPB,用于实现 RBC 逻辑功能,VPC_C 为伺服处理单元,又可称为 SPU,用于处理 RBC 设备对外接口和通信功能。

(2)ISDN 服务器

ISDN 服务器是 RBU 和 GSM-R 设施之间的接口,它和 RBU 通过以太网连接,和 GSM-R 网络采用基本多路连接(S2M)。ISDN 服务器集成了 ISDN 接口(ISDN-PRI 板卡)。硬件平台采用安装 Linux 操作系统的通用服务器，其功能实现符合欧洲无线协议的非安全层。

每台 RBC 中包含有 4 个 ISDN 服务器，分别为 VPC_I1、VPC_I2、VPC_I3 和 VPC_I4。

(3)测试服务器

测试服务器 VPC_T 用于安装系统测试软件，以便于验证系统性能和功能，多用于实验室测试和系统调试阶段。

(4)交换机

RBC 柜内包括两台内部交换机(DSW1/DSW2)和三台外部交换机(ESW1/ESW2/ESW3)。

①DSW 用于 RBU 中各服务器之间的通信。

②ESW1 和 ESW2 用于实现无线闭塞单元的对外通信。

③ESW3 实现无线闭塞单元、ISDN 服务器到 VPC_T 的通信。

(5)其他

此外，RBC 柜中还包含有以下组成部分：

①个电源 PDU。

②液晶显示套件。

③KVM 交换机，用于实现对各服务器的切换操作，最多可支持 16 路信号。

2. VIA

VIA 设备主要包括 VIA 服务器、交换机、显示器和操作设备。实现 RBC 与 RBC 本地终端、CTC、铁路信号集中监测系统之间的通信转换，一个接口服务器可以满足 9 个 RBC 的需求，并与一套 RBC 本地终端连接，采用冗余配置，并配备维护终端。

VIA 服务器硬件平台采用通用服务器结构。

3. 司法记录单元

RBC 司法记录器(R-JRU)对 RBC 系统的各种控制、接口等信息进行记录，并且其记录可作为司法依据。其硬件平台亦为服务器结构。

4. RBC 本地终端

RBC 本地终端显示 RBC 系统的工作状态，用于系统的维护、诊断。

RBC 本地终端主要由以下部分组成：

①本地终端工作站主机。

②一个或多个(最大支持 4 个)显示器。

③键盘和鼠标。

(二)系统接口

1. 接口说明

RBC 系统接口整体如图 3-1-60 所示。

2. RBC 与信号安全数据网接口

RBC 设备与联锁、TSR 服务器的通信统一通过信号安全数据网进行。其逻辑接口如图 3-1-61 所示。

RBC 机械室内设有通信机柜，其中放置信号安全数据网的交换机设备，用于连接 RBC 设备和 TSR 设备，在其他各车站的机械室内也设置专用交换机，用于连接联锁设备和 TCC 设备。交换机均按照冗余设计，各节点之间通过千兆光纤网络传输。

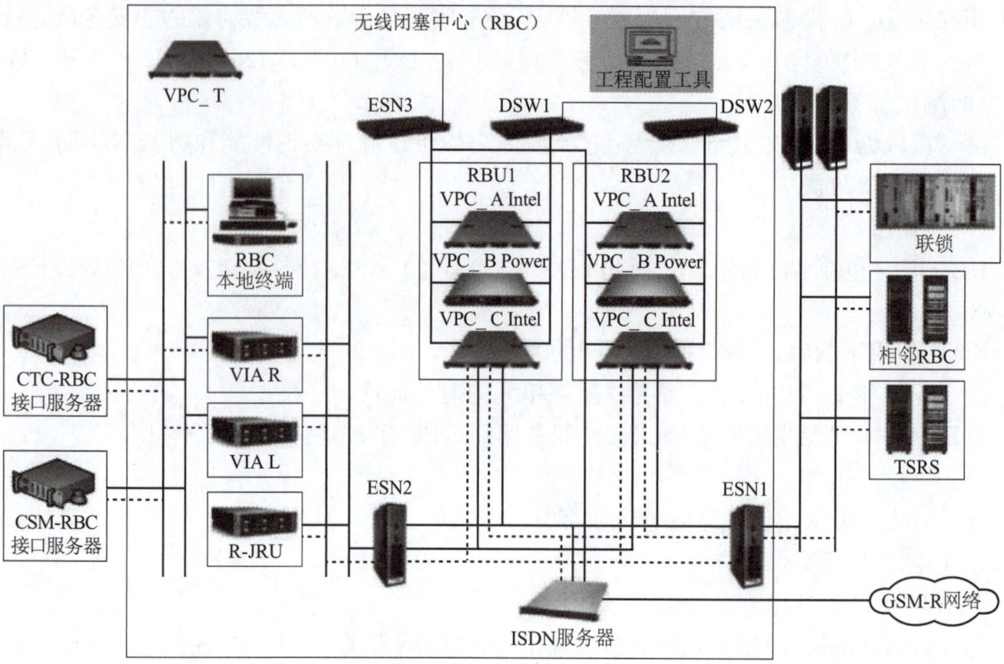

图 3-1-60　RBC 系统接口示意图

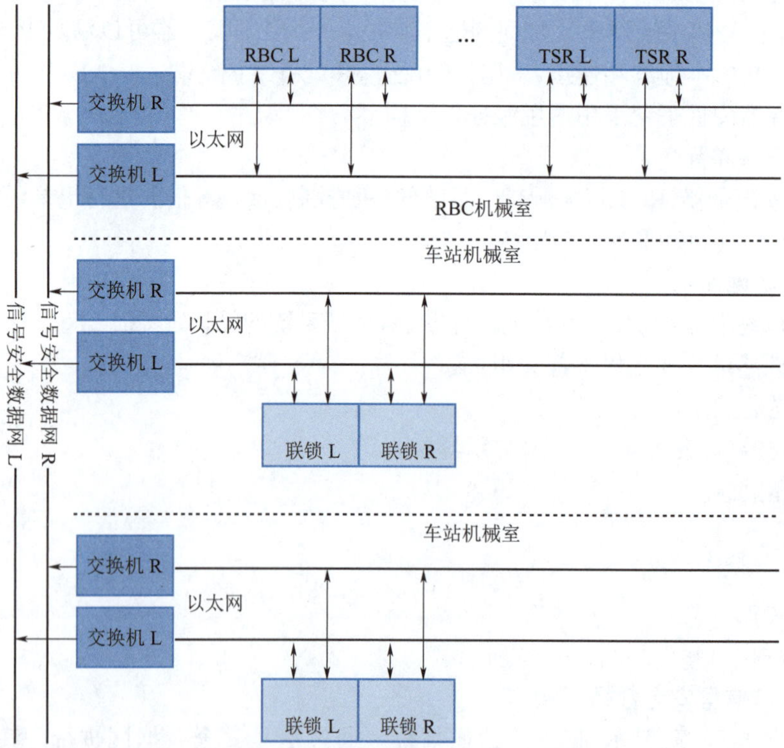

图 3-1-61　RBC 与联锁、TSR 服务器的连接

通信机柜为 RBC 设置 3 组交换机，分别用于连接 RBC1～RBC2，RBC3～RBC6，RBC7～RBC9，其物理连接方式如图 3-1-62 所示。

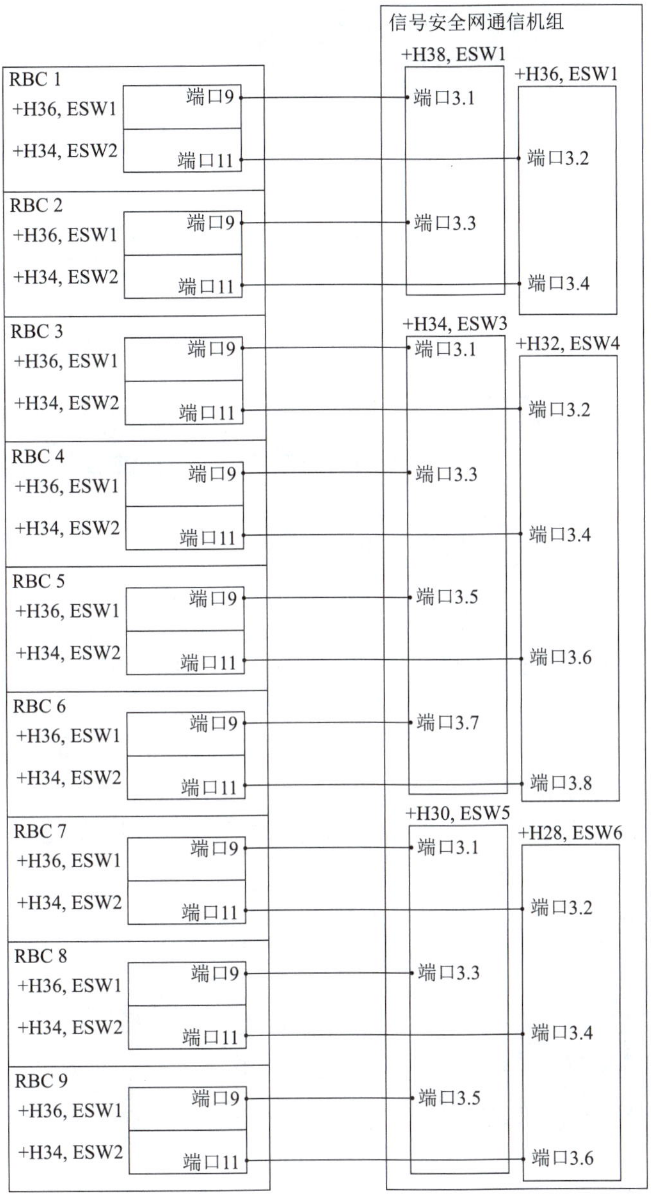

图 3-1-62　RBC 与信号安全数据网的连接图

RBC 与通信柜之间采用 STP CAT5e/CAT6 网线连接，物理接口为 RJ-45，水晶头应采用金属屏蔽层并和网线屏蔽接合。

3. RBC 与 GSM-R 接口

RBC 中的 ISDN 服务器通过 ISDN-PRI 接口接入 GSM-R 网络，其中 ISDN-PRI 符合有关定义。ISDN 服务器与 RBC 间通过内部 VLAN 实现通信。

RBC-GSMR 接口在信号楼的实物连接按照以下方式进行：

(1)在信号楼设置 DDF 架，用于 ISDN 通道的外部传输接入。

(2)在 RBC 机械室放置防雷柜，用于安装 75 Ω 与 120 Ω 阻抗转换设备和防浪涌器件。

RBC 与 GSR-R 接口如图 3-1-63 所示。

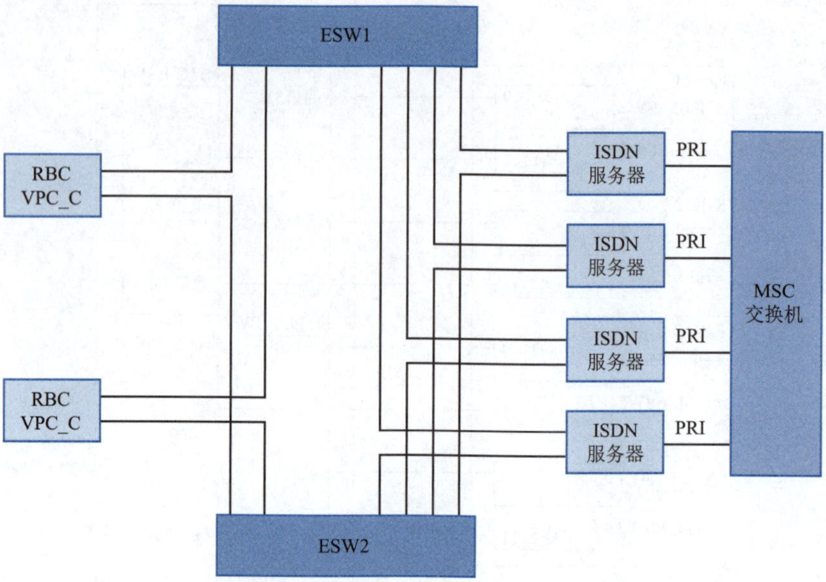

图 3-1-63　RBC 与 GSM-R 接口

(3)RBC 与接口柜之间通过 STP CAT5e/CAT6 网络电缆连接,每路通道需要一根通信电缆。

(4)接口柜内阻抗转换设备 BNC 接口端与 DDF 架通过 2 M 同轴通信电缆连接,每路通道需要一对电缆(分别用于接收和发送)。

图 3-1-64 以两路通道为例,示意了接口连接方式,图 3-1-65 则为 RBC 对防雷机柜的物理连接方式。

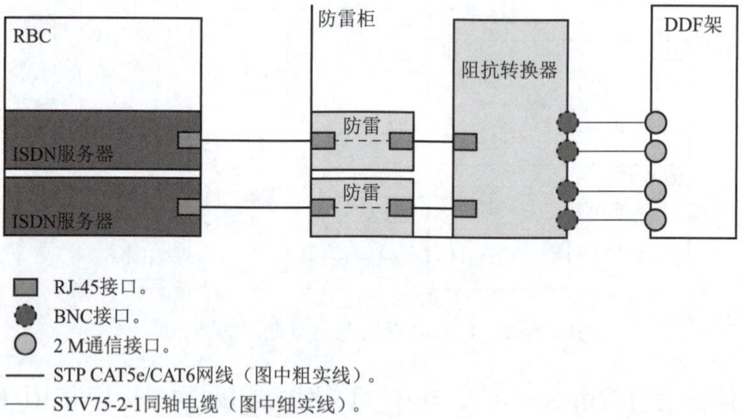

图 3-1-64　RBC 系统经与 DDF 架柜间连接示意图

4. 与 CTC 系统接口

RBC 系统通过 VIA 设备与 CTC 中心设备通信,由于 CTC 设备设置于调度中心,因此双方需要通过外部架设的 2 M 数字传输通道进行通信,为此,在 RBC 机械室内的通信机柜内设置冗余配置的交换机、路由器和协议转换器设备。连接方式如图 3-1-66 所示。

VIA 与通信柜之间采用 STP CAT5e/6 网线连接,物理接口为 RJ-45,水晶头应采用金属屏蔽层并和网线屏蔽接合。VIA-CTC 通信协议转换器应通过成对同轴电缆连接到通信机房的 DDF 架并接入 2 M 数字通道,转换器对同轴电缆提供 BNC 阴型插座。

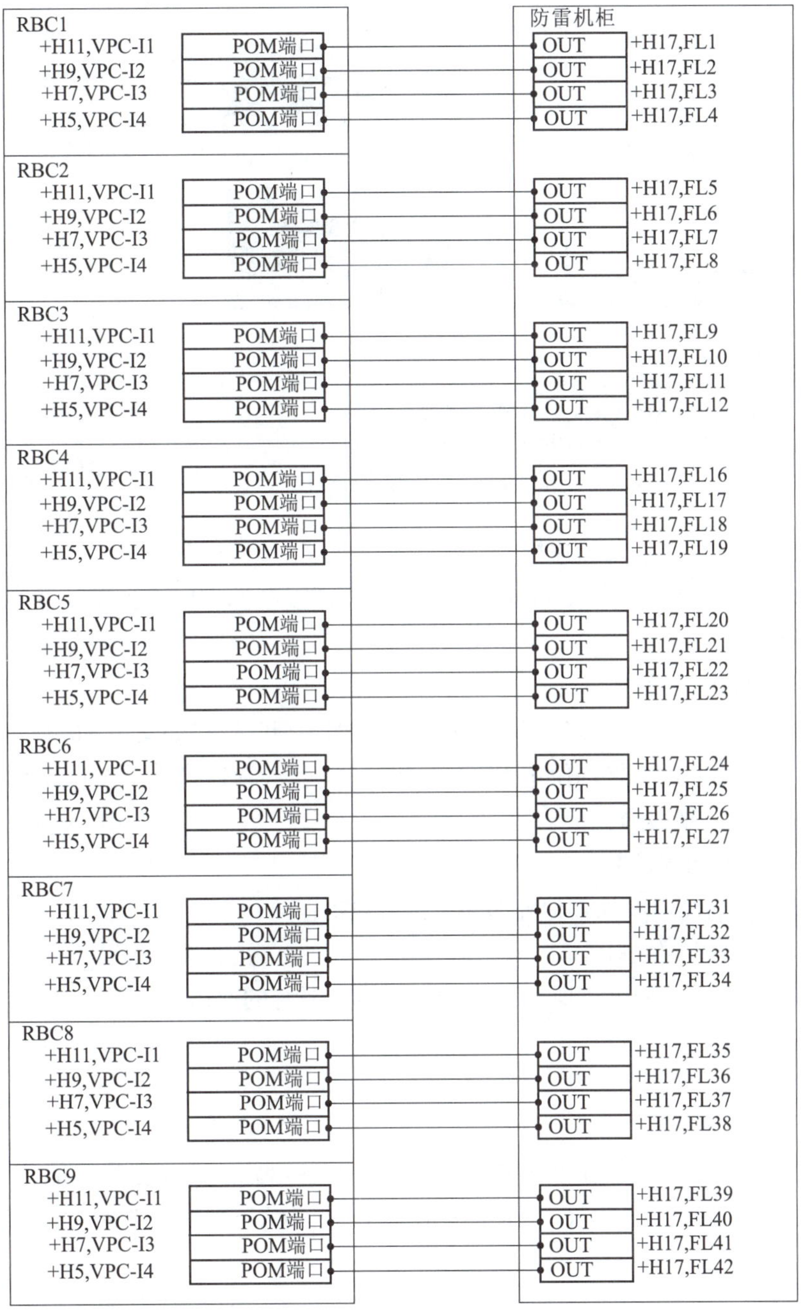

图 3-1-65　RBC 机柜与防雷柜连接图

5. 系统内部接口

(1)RBC 柜内部接口

RBC 内部连接可分为两个部分。

①RBC 中各服务器对内部交换机的通信连接及 RBC 机柜中所有其他服务器到 VPC_T 的连接,用于实现无线闭塞主机内部通信和柜内服务器到测试主机的通信。

②RBC 中服务器对外部交换机 ESW1、ESW2 的连接,用于实现 RBC 对 ISDN 服务器的

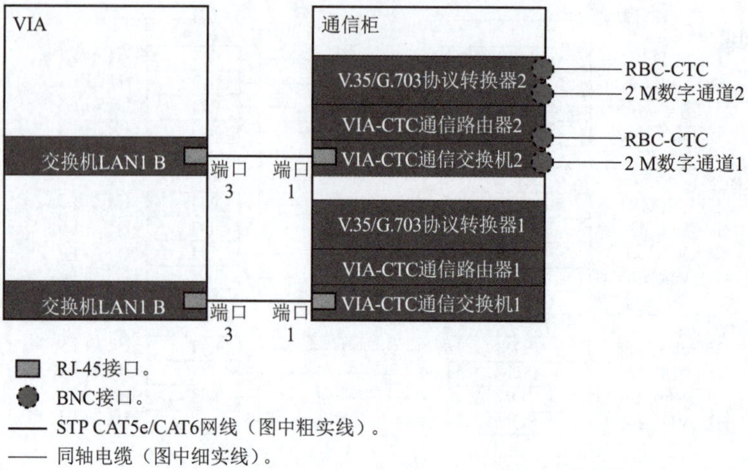

图 3-1-66 VIA 与 CTC 通道的连接示意图

通信及 RBC 系统对外部设备的连接。

RBC 柜内所有连接均使用 STP CAT6 网线，物理接口为 RJ-45，水晶头采用金属屏蔽层并和网线屏蔽接合。

(2)RBC 柜与 VIA 柜接口

1 个 VIA 满足 9 个 RBC 接口需求，RBC 柜与 VIA 柜间连接如图 3-1-67 所示。

RBC 与 VIA 之间的连接均使用 STP CAT5e/6 网线，物理接口为 RJ-45，水晶头采用金属屏蔽层并和网线屏蔽接合。

(3)VIA 柜其他外部接口

如图 3-1-68 所示，VIA 柜其他外部物理接口包括：

①对 RBC 本地终端接口。

②对通信机柜接口，用于实现 RBC 系统对 CTC 系统的通信。

③对 CSM 接口。

三、RICAM2 模块介绍

RICAM2 为冗余接口控制和告警模块，是 GSM 9000 的基本公共功能模块的优化版本。如图 3-1-69、图 3-1-70 所示，为 RICAM2 模块和面板示意图。下面对其主要功能进行介绍。

(1)RICAM2 的功能等效于 1IFM、2ICM、1ABM 及相应的电缆，从而实现内部冗余。

(2)最多支持一个远端 ABM，这样可以最多配置到 25 666。

(3)最多支持 6 个 ABIS。

(4)支持外部同步信号。

(5)对本地 BTS 的控制及系统时钟的生成。

(6)RICAM2 板卡存储和处理自身的基础软件。

(7)监控整个基站并收集和处理所有基站内部告警，并通过 ABIS 接口转发至 OMC-R 网管。

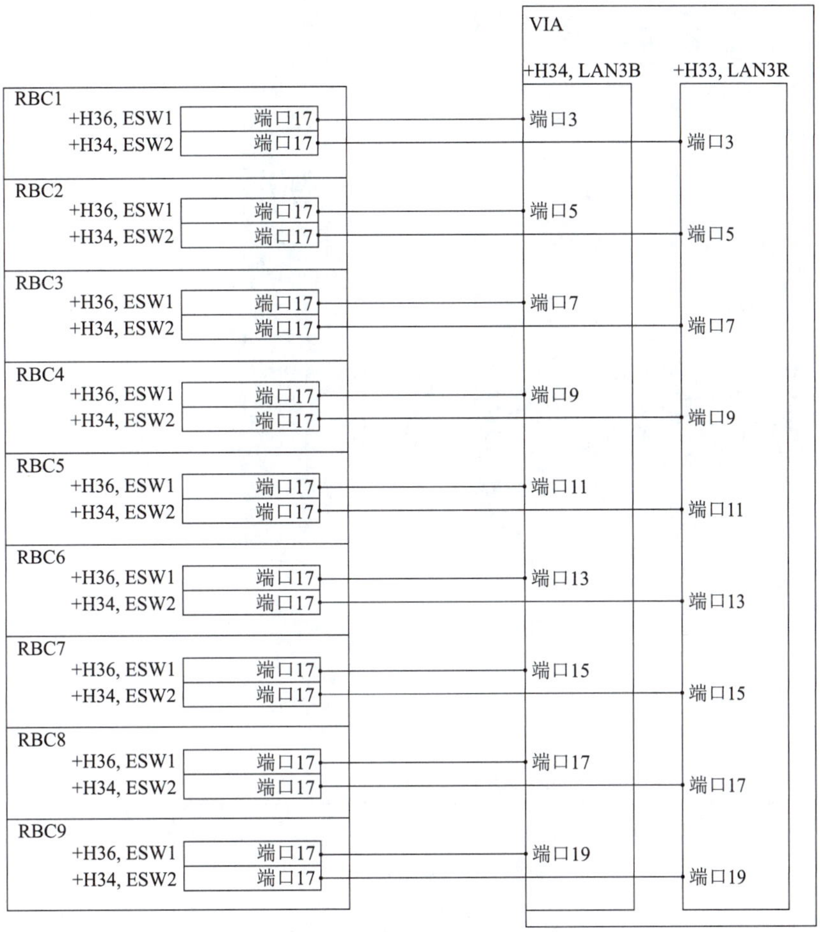

图 3-1-67　RBC-VIA 连接

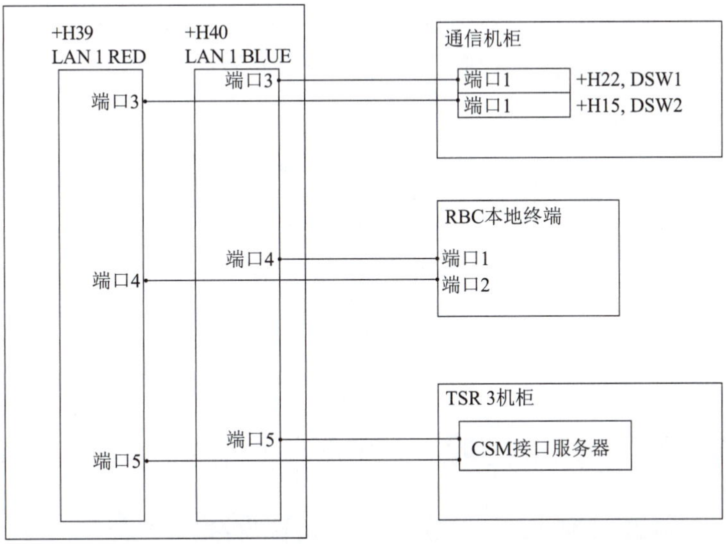

图 3-1-68　VIA 对外接口连接

图 3-1-69　RICAM2 模块

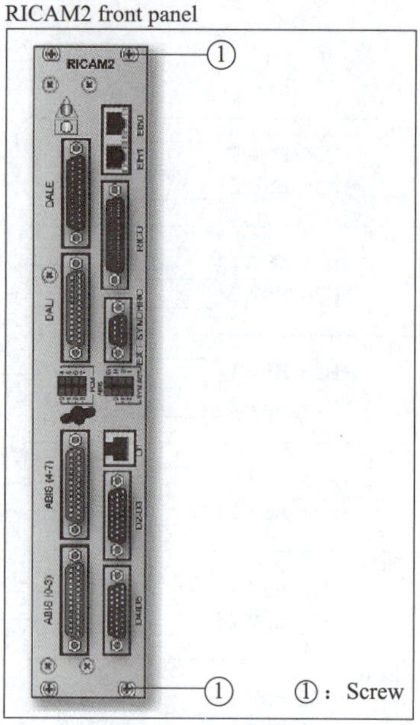

图 3-1-70　RICAM2 面板示意图

(8)处理相关的信令信息。

RICAM2 面板指示灯的含义见表 3-1-12。

表 3-1-12　面板指示灯含义

方块指示灯	三角指示灯	RICAM 状态
灭	灭	休眠、未加电或未插入
■	▲	内置模块自检状态
■	灭	正常状态
灭	▲	故障或离线状态
闪	▲或灭	ABM(告警收集模块)等待 ICM(接口控制模块)连接
闪	闪	ABM 正通过 ICM 下载数据
ABIS PCM 状态灯		红色:该 PCM 故障或不可用。 绿色:该 PCM 工作正常。 琥珀色:该 PCM 正在测试
G(GPS)状态灯		灭:没有外部同步信号。 红:外接同步信号质量差。 绿:GPS 同步。 琥珀:与主 BTS 同步

四、RM2 射频模块介绍

RM2 射频模块和面板示意分别如图 3-1-71 和图 3-1-72 所示。下面对其进行具体介绍。

(1)RM2 模块介绍

RM2 模块是完整的 GSM/收发信机/接收机,负责与 GSM TDMA 相关的所有处理,可以支持 3 TDMA/3 TRX。RM2 模块能在 1 个扇区(每个扇区 3 个载波、“O3 模式”)和 3 个扇区(每个扇区 1 个载波、“S1/1/1 模式”)中运行。

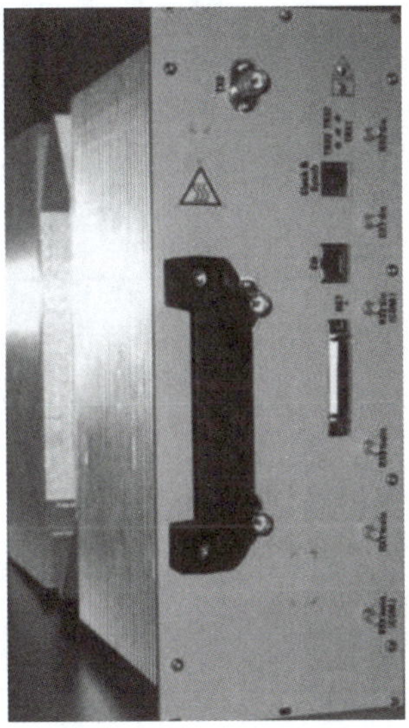

图 3-1-71　RM2 模块

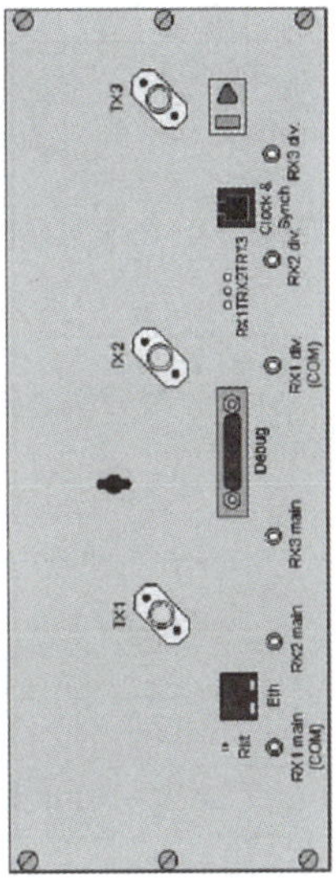

图 3-1-72　RM2 模块面板示意图

特定 RM 使用 EGSM 900 频段，发射功率 60 W 的载波。

RM 由下列元件组成：

①PSU：电源装置，提供 24 V/48 V 主电源、备用电源（27 V、3.3 V、5.7 V）和 RM 模块的其他构件。

②RF RX 板（RM RX）：3 个双窄带接收机链路（主要和分级）。

③RF TX 板（RM TX）：3 个低级传输驱动。

④RF PA 板（RM PA）：3 条功率放大器线路。

⑤LRM：数字控制板。

每个无线模块通过数字背板与 ABM（RICAM2）模块连接指标见表 3-1-13。

表 3-1-13　连接指标

典型输出（dBm）	47.8
典型输出（W）	60
变动范围（dB）	±1

（2）RM2 模块面板指示灯的含义

RM2 模块面板指示灯含义见表 3-1-14。

表 3-1-14　指示灯含义

方块指示灯	三角指示灯	RICAM 状态
灭	灭	未加电或未插入
■	▲	内置模块自检状态
■	灭	正常状态
■	闪	部分模块有故障
闪	▲或灭	等待 ICM 连接
灭	▲	RM 模块整体不可用

续上表

方块指示灯	三角指示灯	RICAM 状态
TRX 状态灯		快闪：SPU 下载数据。 慢闪：未连接 BSC 或通过 ABIS 下载数据。 灭：该载频工作。 亮：该载频故障或未配载频

【任务评价】

<table>
<tr><td colspan="2">项目名称</td><td></td><td>任务名称</td><td></td></tr>
<tr><td colspan="2">小组成员</td><td></td><td>综合评分</td><td></td></tr>
<tr><td rowspan="5">学生自评</td><td colspan="4">理论任务完成情况</td></tr>
<tr><td>序号</td><td>知识考核点</td><td>自评意见</td><td>自评结果</td></tr>
<tr><td>1</td><td>RBC 系统特点</td><td></td><td></td></tr>
<tr><td>2</td><td>RBC 与其他系统的接口</td><td></td><td></td></tr>
<tr><td>3</td><td>RICAM2 模块和 RM2 射频模块的功能</td><td></td><td></td></tr>
<tr><td>学习小组评价</td><td colspan="4">团队合作□　动手操作能力□　信息获取能力□　交流沟通能力□
（根据完成任务情况填写：A 优秀；B 良好；C 合格；D 有待改进）</td></tr>
<tr><td>教师评价</td><td colspan="4"></td></tr>
</table>

【练习与思考】

简单复述 CTCS-3 列控系统现场设备 RBC 的维护方法。

任务二　CTCS-3 级列控系统车载设备维护

【任务导入】

小明是一所高职院校轨道交通相关专业的学生，在校学习第三年被派到某铁路局集团公司进行实习。在进行了相关的理论培训后，他被分到车间进行现场实习。班组长安排小明与班组其他成员一起，对动车组的车载设备进行逐一排查，完成检修维护工作。本次排查的是装备在标准化动车组上的CTCS3-300S型车载设备。

【任务目标】

1. 能正确安装与拆卸ATP设备。
2. 能准确使用GSM-R设备。
3. 能按照铁路现场作业标准对RBC设备和GSM-R进行维护。
4. 具备铁路现场安全意识。

【准备材料及工具】

【任务实施】

CTCS3-300S型车载设备（简称300S设备）基于GSM-R无线通信实现CTCS-3等级车—地信息双向传输，系统采用先进的技术手段对列车运行速度进行安全防护，以目标—距离连续速度控制模式监控列车安全运行，兼具CTCS-2等级功能，满足跨线运营需求。

学习活动一　车载单元的拆取、安装

（一）ATP拆取及安装注意事项

由于ATP控制设备带有DC 110 V危险电压，如果触摸的话，会因触电造成死亡或重伤。因此，在拆取、安装箱体时，请先切断ATP控制设备的电源。

ATP控制设备的每个箱体重10～20 kg，在拆取、安装的时候，可能会损伤脊背，或砸到脚上造成重伤。因此，在拆取、安装箱体的时候，需要两个人进行。

（二）ATP拆取及安装方法

拆取TIU、PDU、PWU、ALA、GSM-R、BTM、JRU各单元的方法如下所示。

（1）断开ATP电源开关，包括司机室ATP电源开关，确定ATP处于断电状态（以便隔离车辆IO输出到ATP的电信号）。

（2）用工具将单元上的移动连接器插头拆除。

（3）将单元两侧的紧固螺栓及接地线缆拆除，注意螺栓要妥善保存。

以PDU单元为例，需要拆除连接单元上的全部移动连接器，再拆除接地线缆和固定螺栓，类似的单元包括BTM，TIU，GSM-R，JRU，PWU单元，如图3-2-1所示。

以ALA单元为例，拆取ALA单元步骤如下（图3-2-2）：

（1）将ALA单元的门取下，拆除门与框体之间的地线。

（2）拆除ALA单元上3条线缆，拆除ALM模块上的两条线缆，拆除MVBV面板上的线缆，拆除机柜底板上的DB15端子。

（3）拆除ALA单元上部的J1A-J6连接器，拆除ALA单元固定螺栓。

（4）将ALA单元向外拉，拉到ALA单元可以微微向后倾倒的状态，将J1A-J6连接器置于ALA单元后部。

图 3-2-1　PDU 面板连接器

（a）　　（b）

图 3-2-2　ALA 单元拆除与安装方法

(5)将 ALA 单元慢慢向外拉,可以将 ALA 单元取出。

安装 ALA 单元步骤如下:

(1)将 ALA 单元置于导轨内,将 J1A-J6 从 ALA 单元背部放到前部,将 ALA 单元轻轻推入指定位置。

(2)将 J1A-J6 固定到 ALA 单元背板上, 将前面板的 4 根连接器线缆接入到指定位置。

(3)将 ALA 单元两侧螺栓拧紧。

(4)将 ALA 单元门置于槽内,连接 ALA 单元门与框体之间的地线。

(三)模块安装

1. 模块安装的注意事项

模块在操作上应注意以下几点:

(1) 在操作前必须关掉电源。

(2) 不要强行把印制电路模块从单元中拉出，不要触摸部件。注意不要弄脏、弄伤插槽。

(3) 印制电路模块及部件(除散热部件、机械部件外)的表面，为了防潮防氧化、防尘等都涂有保护清漆，所以在操作时注意不要划伤清漆。

(4) 外力与冲击。

①不要用螺丝刀敲打贴装品。

②在操作时注意防摔，不要施加外力和冲击。

③万一掉到水泥地上的话，印制电路模块将不能再使用。

(5) 印制电路模块插入单元的时候，一定要确认印制电路模块和单元双方所标示的印制电路模块的名称是否一致。

(6)印制电路模块在与接插头连接的时候，为了确认插槽内没有脏污，要插拔 1～2 次。

(7) 印制电路模块上贴装有会因为静电造成损坏的部件(特别是 IC 芯片)，所以在触摸印制电路模块前，请确认人体已经采取了接地或短时接触地线电位。

(8) 搬运。

①不能重叠搬运印制电路模块。

②搬运的时候，对于振动、冲击要十分注意，不要使用不耐振的金属台车。并且在搬运台车上采取接地措施，以防止静电损害，进一步提高安全性。

③不要摩擦合成树脂等容易产生静电的物品。

④拆卸模块时应放到用于管理印制电路模块的架子上进行搬运。

(9) 印制电路模块要放到桌面上的时候，一定将部件贴装面朝上放置。

(10) 进一步实施以下几点防静电措施，会更好地提高安全性。

①操作印制电路模块的人需穿着经过防静电处理的工作服，尽量不要穿合成纤维的衣服。

②操作印制电路模块的作业台上期望铺有导电橡胶垫，橡胶垫通过 1 MΩ 左右的电阻器接地。

③尽量戴上手套，手套须为棉制的干净的手套。尼龙等手套会产生静电有损部件，不可使用。

2. 印制电路模块的拿法

如图 3-2-3 所示，一定要拿四周的边部，特别注意不要拿贴装部件和插槽。

3. 印制电路模块的插拔

ALA，BTM，TIU，PWU，GSM-R 单元的印制电路模块的插拔方法如图 3-2-4 所示。

印刷基板拔出方法 ：

(1)松动印刷基板上的螺栓。

(2)将印刷基板上把手晃动，如果有基板上下都有把手的情况，将下方的把手向下搬，上方的把手向上搬，然后将印刷基板从箱体中向外拉。

(3)将印刷基板慢慢拔出。

印刷基板插入方法 ：

(1)将印刷基板对准导向槽慢慢插入。

(2)借助把手上下的助拔器或者下侧的把手将拔卡插到位。

(3)拧紧基板上下的螺钉。

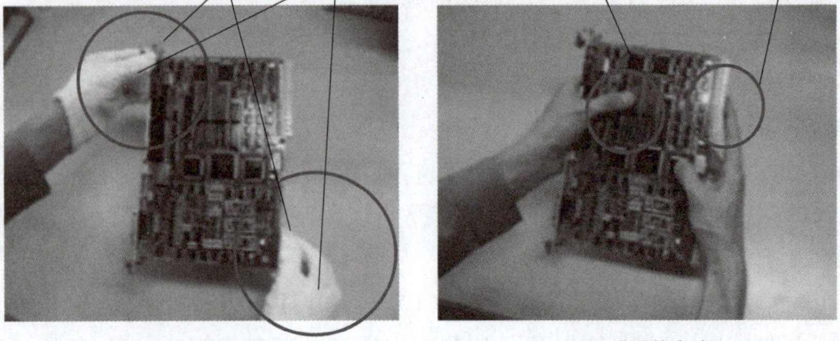

（a）正确拿法　　（b）错误的拿法

图 3-2-3　印制电路模块的拿法

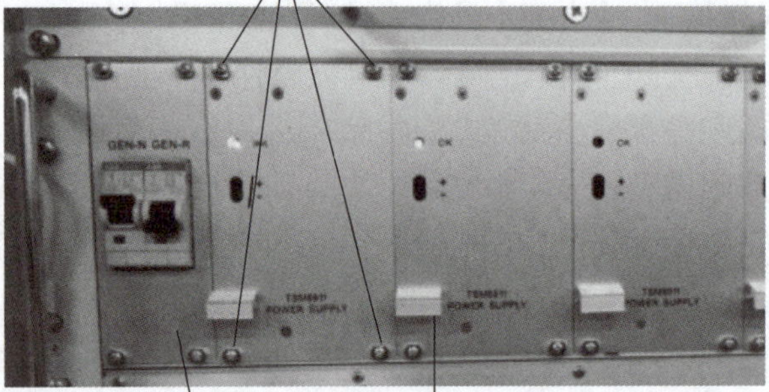

图 3-2-4　印制电路模块的插拔方法

4. 印制电路模块以及插头的清扫方法

印制电路模块及插头有污垢的时候要做以下处理：

(1)清扫作业要使用挥发性高的清洗剂，要注意换气、通风和防火。

(2)印制电路模块的部件贴装面附着灰尘的时候：

①要准备吸尘器和柔软的刷子，用刷子一边擦一边用吸尘器吸（用气吹的话，会将灰尘吹到四周，特别是有继电器的时候会对接点不利，应该回避）。

②刷子尽量用动物毛的毛刷（塑料制的刷子容易产生静电，不要使用）。

(3)插槽附着油膜、指纹、灰尘的时候：

①用洁净的棉布蘸上清洗剂擦拭插槽部用清洗剂见表 3-2-1，不要使用稀料、三氯乙烯、家用清洗剂。

表 3-2-1　插槽部用清洗剂

序号	条　件	清　洗　剂
1	附着灰尘	异丙醇
2	附着有油膜、异物、指纹	异丙醇

②脏污很厉害的时候，要换上新棉布擦拭两遍。

(4)使用棉布的时候，注意不要碰到部件的突起和导脚带有焊锡的部位，不要给部件及导脚施加外力。

(5)由于以下的原因请不要整个清洗印制电路板：

①强力清洗剂会使涂装在印制电路模块上的清漆及灰尘、油等溶解到清洗剂中，该溶解物会造成隐患。

②如果附着到可变电阻器、继电器等机械部件，易造成动作不良。

③会造成贴装在印制电路模块上的电解电容封口部的橡胶劣化。

(四)CF卡插拔

1. 注意事项

如果带电插拔CF卡的话，可能会造成CF卡的破损，从而不能读写。在插拔CF卡的时候，请先切断ATP控制设备电源。

2. CF卡的插入

CF卡的插入步骤如下：

(1)拧开紧固螺栓。

(2)打开卡槽保护挡板，如图3-2-5(a)所示。

(3)插入CF卡[图3-2-5(b)]，直到卡簧弹出。

(4)拧紧紧固螺栓，如图3-2-5(c)所示。

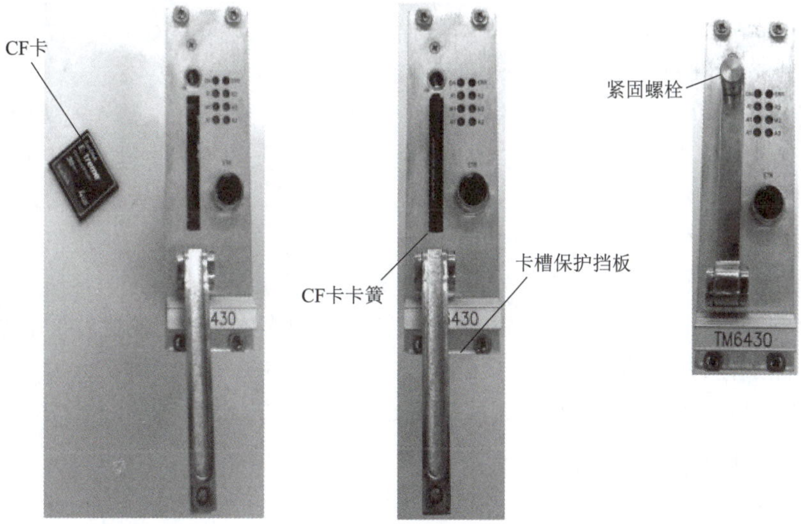

(a) (b) (c)

图3-2-5 CF卡的插入

2. CF卡的拔取

CF卡的拔取步骤如下：

(1)拧开紧固螺栓，如图3-2-6(a)所示。

(2)打开卡槽保护挡板。

(3)按压CF卡卡簧，使CF卡弹出，如图3-2-6(b)所示。

(4)取下 CF 卡、CF 卡卡簧,如图 3-2-6(c)所示。

(5)关闭卡槽保护挡板,拧紧紧固螺栓。

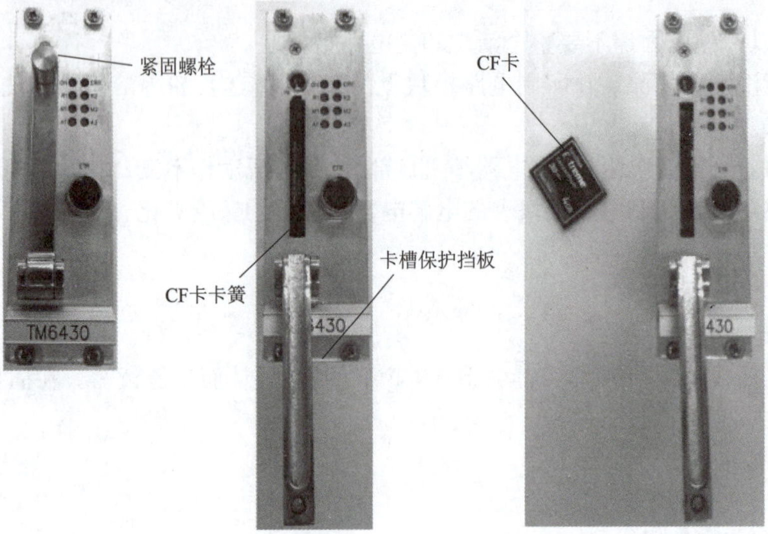

(a) (b) (c)

图 3-2-6 CF 卡的拔取

(五)GSM-R 单元 SIM 卡的安装

1. Sagem 电台

GSM-R 单元萨基姆 MT 模块 SIM 卡的安装步骤如下:

(1)切断 ATP 控制设备电源,SIM 卡安放过程中,要防止 SIM 卡掉入模块内部。

(2)松开 GSM-R 单元主机 1 系 TM6440 模块面模块上的紧固螺栓,拔出 TM6440 模块,紧固螺丝位置如图 3-2-7(a)所示。

(3)水平放置 TM6440,拉出 TM6440 背侧的 SIM 卡卡座(如果挡模块已经卡死卡座,请先松开挡模块),放入 SIM 卡,卡座位置及 SIM 卡安装图如图 3-2-7(b)、(c)所示。

(4)将放有 SIM 卡的卡座推回,松开卡座左侧挡模块螺栓,将挡模块右推卡紧 SIM 卡卡座后,旋紧紧固螺栓,挡模块锁死后效果如图 3-2-7(d)所示。

(5)将 TM6440 模块插入导轨安装回 GSM-R 单元主机,当听到"咔哒"一声后,表示模块已经安装正确,紧固螺栓,固定 TM6440 模块。

(6)重复步骤(1)～(4),完成 2 系 TM6440 的 SIM 卡安装。

2. FWK 电台

GSM-R 单元 FWK MT 模块 SIM 卡的安装步骤如下:

(1)将 GSM-R 电台设备断电,如图 3-2-8(a)所示,注意禁止带电插拔 SIM 卡。

(2)松开 SIM 卡槽上的挡板螺栓,使用工具按压卡槽的助拔器,将卡槽取出,如图 3-2-8(b)所示。

(3)将 SIM 卡金属面朝上,对齐 SIM 卡缺角与卡槽,轻轻地将卡放入卡槽内部。

(4)将 SIM 卡与卡槽安装至模块中,确保卡与卡槽安装至正确位置。

(5)将卡槽挡板安装至面板,如图 3-2-8(c)所示。

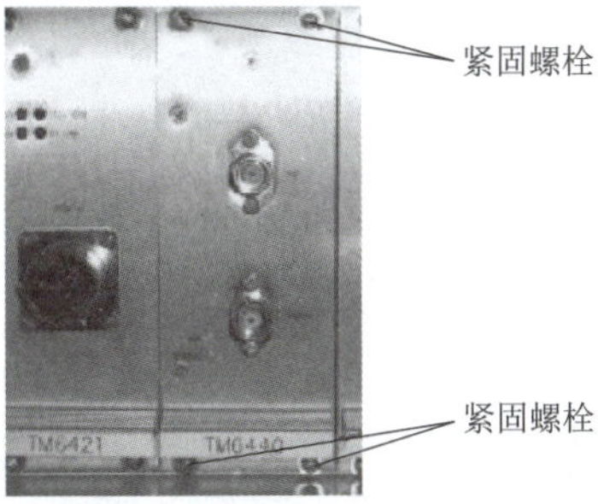

(a) TM6440模块面板示意

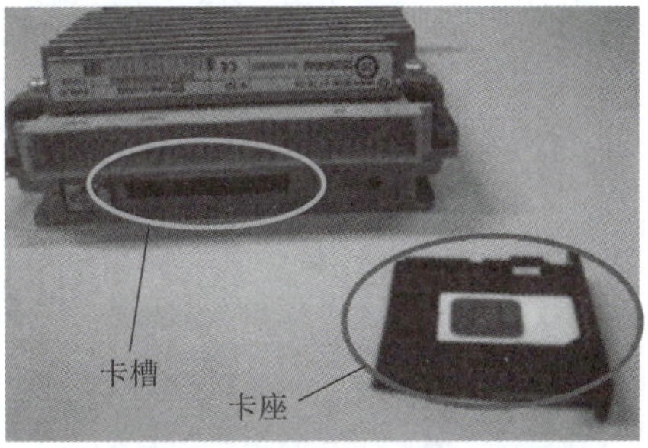

(b) TM6440模块背侧SIM卡座、卡槽示意

(c) SIM卡安装示意

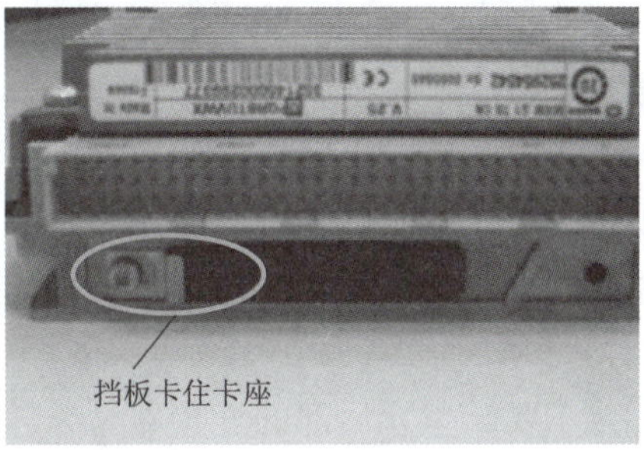

(d) 挡板锁死卡座示意

图 3-2-7　GSM-R 单元萨基姆 MT 模块 SIM 卡的安装

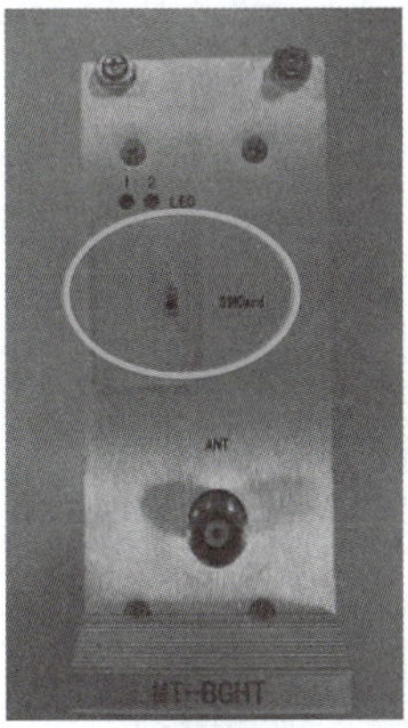

(a)

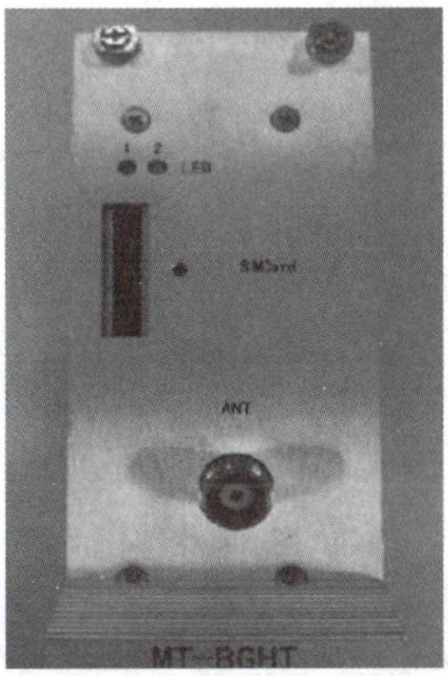

(b)

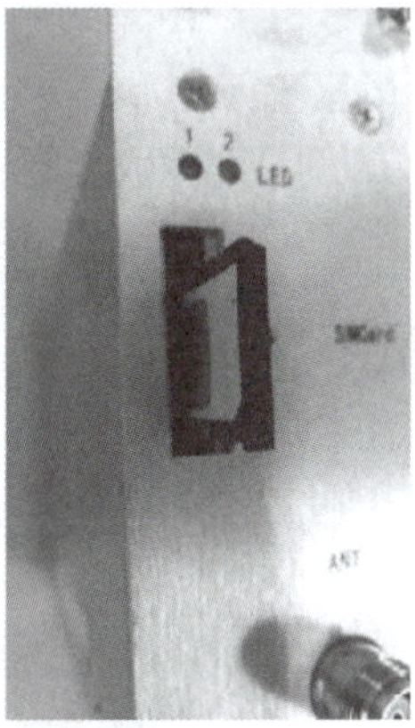

(c)

图 3-2-8　GSM-R 单元 FWK MT 模块 SIM 卡的安装

(六)风扇单元的拆取、安装

1. 注意事项

风扇单元的拆取、安装注意事项如下:

(1)由于 ATP 控制设备带有 DC 110 V 危险电压,如果触摸的话,会因触电造成死亡或重伤。

(2)在拆取、安装风扇单元的时候,请先切断 ATP 控制设备的电源。

(3)风扇在通电状态下急速旋转,如果用手碰摸的话会造成重伤,另外,领带、围巾或长发都有可能被卷进去,造成轻伤。

2. 风扇单元

风扇单元位于 ATP 机柜的左上部,风扇单元的拆取如图 3-2-9 所示。

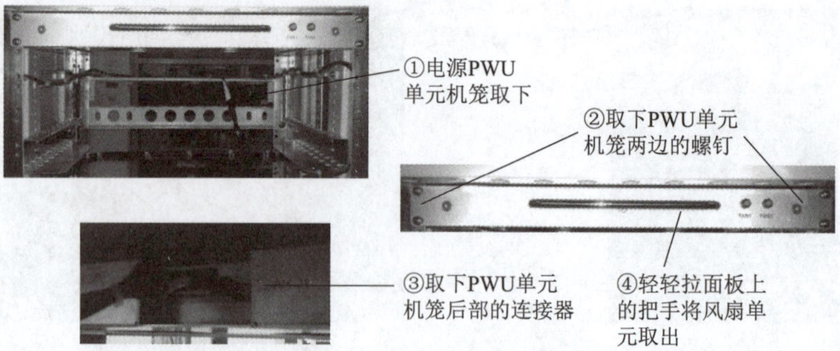

图 3-2-9　风扇单元拆取与安装

(1)电源 PWU 单元机笼取下。
(2)取下 PWU 单元机笼两边的螺栓。
(3)取下 PWU 单元机笼后部的连接器。
(4)轻轻拉面板上的把手将风扇单元取出。
安装时:
(1)固定 PWU 单元后部的连接器。
(2)将风扇单元通过导轨放入指定位置。
(3)将 PWU 单元机笼通过导轨放入指定位置。
(4)固定螺栓。

3. ALA 风扇单元

如图 3-2-10 所示,拆取步骤为:
(1)将 ALA 风扇单元后部的连接器拆除。
(2)将风扇单元的板上 6 颗螺栓拆除。

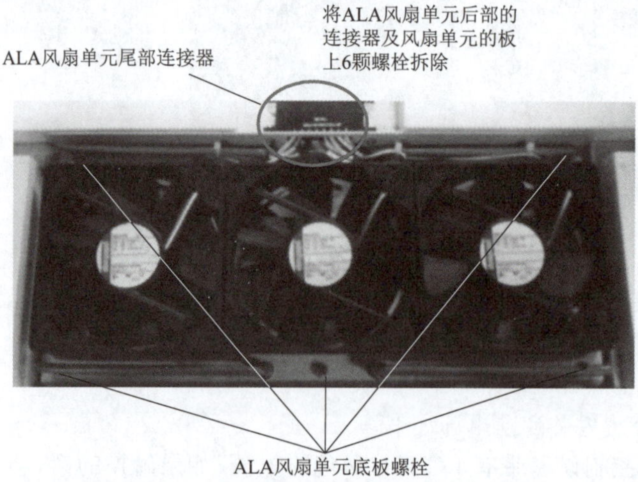

图 3-2-10　ALA 风扇单元的拆取方法

(七)ATP 使用

1. ATP 启动

运行开始之前的操作流程如下:

(1)确认 GSM-R 的记录模块已经插入 CF 卡,确认 GSM-R 的 TM6440 模块已经插入 SIM 卡。

(2)确认 ATP 所有空气开关处于闭合位置,隔离开关处于运行位。

(3)接通车辆的电源。

(4)插入主控钥匙,将钥匙由零位旋转至激活位,制动手柄放在常用制动位。

(5)120 s 后 DMI 画面能正常显示,确认没有故障信息。

(6)按照司机操作手册运行设备。

(7)重启 ATP 间隔大于 15 s,以保证系统看门狗电路工作正常。

2. ATP 断电

运行停止的操作指导如下:

(1)运行结束后,将手柄的位置放在零位。

(2)将钥匙拔下来,遵照有关车体侧电源切断等指导文件操作。

3. ATP 下载数据

CPU 板在程序烧写过程中,串口不允许热插拔烧写线缆。

【任务评价】

<table>
<tr><td colspan="2">项目名称</td><td></td><td>任务名称</td><td></td></tr>
<tr><td colspan="2">小组成员</td><td></td><td>综合评分</td><td></td></tr>
<tr><td rowspan="13">学生自评</td><td colspan="4">理论任务完成情况</td></tr>
<tr><td>序号</td><td>知识考核点</td><td>自评意见</td><td>自评结果</td></tr>
<tr><td>1</td><td>ATP 拆取及安装方法</td><td></td><td></td></tr>
<tr><td>2</td><td>各类模块拆取及安装方法</td><td></td><td></td></tr>
<tr><td>3</td><td>ATP 启动步骤</td><td></td><td></td></tr>
<tr><td colspan="4">训练任务完成情况</td></tr>
<tr><td>项目</td><td>内容</td><td>评价标准</td><td>自评结果</td></tr>
<tr><td>训练准备</td><td></td><td></td><td></td></tr>
<tr><td>训练方法</td><td></td><td></td><td></td></tr>
<tr><td>质量考核</td><td></td><td></td><td></td></tr>
<tr><td>安全考核</td><td></td><td></td><td></td></tr>
<tr><td colspan="4"></td></tr>
<tr><td colspan="4"></td></tr>
<tr><td>学习小组评价</td><td colspan="4">团队合作□　动手操作能力□　信息获取能力□　交流沟通能力□
(根据完成任务情况填写:A 优秀;B 良好;C 合格;D 有待改进)</td></tr>
<tr><td>教师评价</td><td colspan="4"></td></tr>
</table>

学习活动二　车载设备维护和检修

(一)消耗品、维修部件、备用品、特殊工具、测量仪器等

备用品:备用品是以防故障及其他不时之需。

主要备用品如下:

①ALA 单元板卡;②BTM 主机;③PDU;④TIU;⑤JRU;⑥PWU;⑦DMI;⑧速度传感器;⑨TCR 天线;⑩TCR 接线盒;⑪BTM 天线;⑫GSM-R 电台;⑬GSM-R 天线。

测量仪器等:测量仪器见表 3-2-2,请按照每个仪器相应的使用说明书使用。同时,还有用于测试安装到车辆上的 ATP 控制设备功能的 ATP 控制设备试验器。使用时,请参照试验设备的使用说明书。

表 3-2-2　测量仪器一览表

序号	机器名	型号	用途	备注
1	笔记本电脑(XP/WIN7 32 位系统)	—	下载 DUMP 数据	为保证软件稳定运行不建议对操作系统进行升级维护
2	检测应答器	—	标准无源应答器,含专用测试报文	—
3	USB2.0 转 RS-232 串口线	ZE533	烧写 CPU 板程序	—
4	RS-232 数据线	XT337,2 m,屏蔽电,2×DB9(阴性)、DB9(阳性)连接器	烧写 CPU 板程序	请使用黄色标准数据线缆
5	RS-485 连接线	TX336,1.5 m,屏蔽电缆,DB9(阴性)、DB9(阳性)连接器	软件烧录后校验	—
6	RS-232 串口线	标准 RS-232 串口线,1.5 m,DB9,公头-母头	烧写 JRU 程序	—
7	RS-232 程序下载线	HVC2-TX001	烧写 RIM 板程序	—
8	RS-485 监听线	HVC2-TX002	监控 RIM 板状态	—

(二)检修种类和时间间隔

检修种类分为列车运行前的点检、一级检修、二级检修、三级检修、四级检修和更换检修。

其中点检时间是在每次列车运行之前进行。一、二级检修根据相关标准进行。三级检修结合动车组三级修进行。四级检修结合动车组四级修进行。更换检修结合动车组五级修进行。表 3-2-3 给出了 ATP 控制设备的检修时间和主要检修内容。

表 3-2-3　ATP 控制设备的检修时间和主要检查内容

检修种类	检修时间	主要检查内容
点检	列车运行前	ATP 隔离开关、DMI 及 BTM 切换开关、ATP 控制设备电源切断器状态
一级检修	根据相关标准进行	在车辆出库,入库的时候,通过观察 ATP 控制设备的动作确认,LED 确认和设备的传送状态中无异常

续上表

检修种类	检修时间	主要检查内容
二级检修	根据相关标准进行	将 ATP 控制设备安装于车辆上，确认设备的状态，性能，功能
三级检修	结合动车组三级修进行	设备清扫，更换配件，设备状态及功能检验，电缆测试等
四级检修	结合动车组四级修进行	设备清扫，更换配件，绝缘测试，电缆测试，设备状态及功能测试
更换检修	结合动车组五级修进行	更换达到 10 年寿命期的器件

(三)检修方法

ATP 控制设备的检查项目见表 3-2-4，请注意有些项目有承接关系，例如机笼级清扫和模块级清扫，如果两个级别都需要进行的话，可以先进行机笼级清扫，在拆下各个单元机笼后可以接着对应步骤做模块级清扫。这样会减少拆装单元及连接线缆的工作，提高工作效率。

表 3-2-4　ATP 控制设备检查项目一览表

序号	主要检查项目	检查种类				
		一级检查	二级检查	三级检修	四级检修	更换检修
1	TCR 天线及其护套的确认	○	○	○	○	○
2	BTM 天线确认	○	○	○	○	○
3	GSM-R 天线确认	○	○	○	○	○
4	速度传感器确认	○	○	○	○	○
5	机笼级清扫	—	—	○	○	○
6	模块级清扫	—	—	—	○	○
7	继电器紧固螺栓的确认	—	○	○	○	○
8	单元紧固螺栓的确认	—	○	○	○	○
9	风扇动作状态的确认	—	○	—	—	—
10	设备内部配线的确认	—	—	○	○	○
11	接地线安装状态的确认	—	○	○	○	○
12	设备柜体螺栓的确认	—	○	○	○	○
13	面模块安装螺栓的确认	—	○	○	○	○
14	设备外观的确认	○	○	○	○	○
15	连接器安装状态的确认	—	○	○	○	○
16	上电灯位判断	—	○	○	○	○
17	ATP 隔离开关的切换	—	○	○	○	○
18	上电测试确认(主系)	○	○	—	—	—
19	上电测试确认(备系)	○	○	—	—	—
20	定期器件更换	—	—	○	○	○

注：○表示检查；—表示不检查。

所有设备确认前要先切断 ATP 控制设备的电源。

(1)TCR 天线及其护套的确认

在进行 TCR 天线及其护套确认时,确保机车处于降弓状态,同时注意保证检修人员安全。

①安装牢固,无碰伤,无变形。

②连接线缆固定良好,无破损。

③确认 TCR 天线的安装高度符合标准。

(2)BTM 天线确认

在进行 BTM 天线确认时,确保机车处于降弓状态,同时注意保证检修人员安全。

①安装牢固,无碰伤,无变形。

②连接线缆固定良好,无破损。

③确认 BTM 用天线的安装高度符合标准。

(3)GSM-R 天线确认

在进行 GSM-R 天线确认时,注意安全,天线位置装在车顶,检查时请注意电线,并防止人员高空坠落。

①安装牢固,无碰伤,无变形,密封良好。

②连接线缆固定良好,无破损。

(4)速度传感器确认

在进行速度传感器确认时,确保机车处于降弓状态,同时注意保证检修人员安全。

①安装牢固,外观无异状。

②连接线缆固定良好,无破损。

③密封良好。

(5)机笼级清扫

在进行机笼级清扫前,将 ATP 控制设备的电源切断,并需要有防止误上电措施。

①将 ATP 控制设备的电源全部切断。实施防止误上电措施。

②将 ATP 控制设备机笼上连接的连接器及带螺栓的电缆拆下。为防止灰尘落入连接器里,贴上贴纸或做好防护措施。

③按上述方法,将 ATP 控制设备各个机笼拆下来,机笼比较重,拆卸和安装的过程中注意安全。

④使用吸尘器对 ATP 控制设备的机笼、柜体、速度分配盘及风扇进行清扫,有吸尘器无法清理的地方,用毛刷小心清理。

⑤确认 ALA、PWU、PDU、TIU、BTM、JRU 和 GSM-R 单元的各螺栓没有松动。如果有松动,将其拧紧。

⑥ATP 通电,确认全部空气开关处于打开状态,隔离开关处于运行位。确认机柜左上方的风扇单元工作状态是否正常。确认完成后,切断电源。

⑦将 ATP 各个机笼按原状装回机柜中。拧紧各单元机笼的紧固螺栓。

⑧将机笼上连接的连接器及带螺栓的电缆按原状连接好。

(6)模块级清扫

在进行机笼级清扫前,将 ATP 控制设备的电源切断,并需要有防止误上电措施。

①将 ATP 控制设备的电源全部切断。实施防止误上电措施。

②将 ATP 控制设备机笼上连接的连接器及带螺栓的电缆拆下。为防止灰尘落入连接器里，请粘上贴纸或做好防护措施。

③将 ATP 控制设备各个机笼及 DMI 拆下来。机笼比较重，拆卸和安装的过程中注意安全。

④将各个机笼的各个模块拆下。

⑤用吸尘器吸取模块的电路模块上、各机笼内部、ATP 机柜内部、DMI 内部的灰尘，然后使用抹布和毛刷清理残留灰尘。

⑥ATP 通电，确认全部空气开关处于打开状态，隔离开关处于运行位确认机柜左上方的风扇单元工作状态是否正常。确认完成后，切断电源。

⑦将各个模块装回机笼，恢复原状。

⑧请确认 ALA、PWU、PDU、TIU、BTM、JRU 和 GSM-R 单元的各螺栓没有松动。如果有松动，请将其拧紧。

⑨将 ATP 各个机笼按原状装回机柜中。

⑩将机笼上连接的连接器及带螺栓的电缆按照原状连接好。

(7)继电器紧固螺栓的确认

在进行继电器紧固螺栓的确认前，请将 ATP 控制设备的电源切断，并需要有防止误上电措施。

①将 ATP 控制设备的电源全部切断。实施防止误上电措施。

②将 TIU 单元上的继电器模块全部拆卸下来。

③确认加强筋紧固螺栓没有松动。如果有松动，将其拧紧。

④确认完毕后，请将继电器模块按原状装回 TIU 单元机笼。

(8)单元紧固螺栓的确认

在进行单元紧固螺栓确认前，请将 ATP 控制设备的电源切断，并需要有防止误上电措施。

①将 ATP 控制设备的电源全部切断。实施防止误上电措施。

②请确认 ALA、PWU、PDU、TIU、BTM、JRU 和 GSM-R 单元的单元紧固螺栓无松动。如果有松动，将其拧紧。

(9)风扇动作状态的确认

在进行风扇动作状态的确认，需要有防止误上电措施，同时请注意在风扇高速旋转时，保持距离，防止被旋转中的扇叶所伤。

注:因为机笼级清扫包含此步骤，所以有机笼级清扫时，不需要此步骤。

①确保 AUX 空开置于开启状态。

②风扇单元面板前的指示灯常亮，表明风扇运转正常。否则，风扇单元故障。

(10)设备内部配线的确认

在进行设备内部配线的确认前，请将 ATP 控制设备的电源全部切断，不需要拆下 ALA 及 BTM 单元。

①将 ATP 控制设备的电源切断。

②将 ATP 控制设备的全部连接器拔下来，将带螺栓的电缆拆下。为了防止灰尘落在连接器上，需粘上贴纸。

③将单元拆下来。

④将侧面的挡模块拆下来。

⑤目视确认 ATP 控制设备的内部配线没有损伤。

⑥请确认 ATP 控制设备内部配线的终端接线模块的螺栓，连接器不松动。如果有松动，将其拧紧。

⑦确认完毕后，将 ATP 控制设备恢复原状。

(11)接地线安装状态的确认

在进行接地线安装状态确认前，将 ATP 控制设备的电源切断。

①将 ATP 控制设备的电源切断。

②确认接地线已经牢固安装在机柜接地座上。如果有松动，请将其安装牢固。

③BTM 单元没有地线。

(12)设备柜体螺栓的确认

在进行设备柜体紧固螺栓确认前，将 ATP 控制设备的电源切断。

①将 ATP 控制设备的电源切断。

②确认 ATP 控制设备框体的各螺栓没有松动。如果有松动，将其拧紧。

(13)面模块安装螺栓的确认

在进行面模块安装螺栓确认前，请将 ATP 控制设备的电源切断。

①将 ATP 控制设备的电源切断。

②确认 ALA、PWU、PDU、TIU、BTM、JRU 和 GSM-R 单元的各模块上，面模块安装螺栓无松动。如果有松动，将其拧紧。

(14)设备外观的确认

在进行设备外观确认前，请将 ATP 控制设备的电源切断。

①将 ATP 控制设备的电源切断。

②确认 ATP 控制设备的外观无歪斜、龟裂、损伤、腐蚀。

③确认 GSM-R 单元的 CF 卡是否插好。

④隔离开关完好。

(15)连接器安装状态的确认

在进行设备外观确认前，将 ATP 控制设备的电源切断。

①将 ATP 控制设备的电源切断。

②确认 ATP 控制设备所有的连接器无松动。如果有松动，将其拧紧。

(16)上电灯位判断

ATP 控制设备通电，需确定车体不会因此而行走。

①ATP 控制设备通电，请注意安全。

②系统自检正常后 ALA 单元中 ALM 子单元 TCR 模块面板上 ERROR 灯不闪。

③ALA 单元中 ALM 子单元、RIM 子单元、EVC 子单元、TMM 子单元中的 CPU 模块面板上的 HTOKA，HTOKB 常亮。

④ALA 单元中，IDVI、WDOU、TACU、MULE、MULU 模块面板上的 MA，MB 灯闪烁。

⑤ALA 单元中，AL 24 V 模块面板上的 Output、Out OK、In OK 绿灯常亮。

⑥ALA 单元中 AUXT 模块面板上的 VCCLR、VCCLN、+15 V/−15 V B、+15 V/−15 V A

绿灯常亮，AL 5 V 模块面板上下两个 Output、Out OK、In OK 绿灯常亮。

⑦PWU 单元中四个 TSM6911 面板上 OK 指示灯常亮。

⑧BTM 单元主备系的电源指示灯常亮。

⑨GSM-R 单元中的 110 V、5 V 指示灯常亮，RIME、MT 指示灯常亮。

⑩ALA 单元的 WDOU、WDRS、RIME、TCR 模块，以及 BTM 主备系 BTMU 模块的 WD 灯点亮，系统正常。如果 WD 灯没有点亮，下载 DUMP 数据确认故障数据。

（17）ATP 隔离开关的切换

在 ATP 隔离开关切换前，将 ATP 控制设备的电源全部切断，并需要有防止误上电措施。

①将 ATP 控制设备的电源全部切断。实施防止误上电措施。

②ATP 隔离开关"正常"位、"隔离"位进行 5 次左右的切换。

③将 ATP 隔离开关打到"正常"位置。

（18）上电测试确认（主系）

上电测试确认（主系）主要测试主用的 BTM 和 DMI 是否能够正常工作。

①ATP 控制设备断电，确认各 ATP 断路器开关是否处于打开状态。将 PDU 单元上的 BTM-N 空气开关置于关闭位置，将"ATP 显示屏切换"旋转开关置于 DMI1 位置。

②ATP 通电，开启驾驶台，ATP 通过自检后，对照查看各单元模块是否工作正常，指示灯是否显示正确。

③在 DMI 上进行制动测试，观察 DMI 日期、时间是否显示正确。

④进行 CTCS-2 等级调车模式正常，在调车模式下的轨道电路收码正常。

⑤进行应答器接收正常确认，观察 BTM 接收模块接收应答器时，指示灯是否点亮。

（19）上电测试确认（备系）

上电测试确认（备系）主要测试备系的 BTM 和 DMI 是否能够正常工作。

①关闭驾驶台，关闭 ATP 主电源，将 PDU 单元上的 ALA-N、BTM-R 空气开关置于关闭位置，将"ATP 显示屏切换"旋转开关置于 DMI2 位置。

②开启 ATP 主电源，开启驾驶台，ATP 通过自检后，对照查看各单元模块是否工作正常，指示灯是否显示正确。

③观察 DMI 显示是否正常，日期、时间是否显示正确。

④进行 CTCS-2 等级调车模式正常，在调车模式下的轨道电路收码正常。

⑤进入 CTCS-3 等级，呼叫 RBC 正常，进入 CTCS-3 模式正常。

⑥进行应答器接收正常确认，观察 BTM 接收模块接收应答器时指示灯是否点亮。

（20）定期器件更换

定期器件更换主要是更换一些达到使用年限的器件，定期更换的器件年限可以参考定期更换的内容。定期器件更换实施的时间主要是三级检修、四级检修和五级检修时。在进行机笼及模块级清扫的过程中，同时替换下达到使用期限的器件。

设备指示灯显示确认在上电测试确认、静态调试的过程中进行。

车辆出库时将 ATP 控制设备刚刚接通后，以及车辆入库时将 ATP 控制设备的电源切断之前，确认 ALA、PWU、PDU、TIU、BTM、JRU 和 GSM-R 单元的 LED 亮灯状态。如果亮灯状态有异常，需记下各 LED 的亮灭灯的状态。

【活动评价】

<table>
<tr><td colspan="2">项目名称</td><td></td><td>任务名称</td><td></td></tr>
<tr><td colspan="2">小组成员</td><td></td><td>综合评分</td><td></td></tr>
<tr><td rowspan="12">学生自评</td><td colspan="4">理论任务完成情况</td></tr>
<tr><td>序号</td><td>知识考核点</td><td>自评意见</td><td>自评结果</td></tr>
<tr><td>1</td><td>检修所需设备的认知</td><td></td><td></td></tr>
<tr><td>2</td><td>检修种类及时间间隔</td><td></td><td></td></tr>
<tr><td>3</td><td>各类模块的检修方法</td><td></td><td></td></tr>
<tr><td colspan="4">训练任务完成情况</td></tr>
<tr><td>项目</td><td>内容</td><td>评价标准</td><td>自评结果</td></tr>
<tr><td>训练准备</td><td></td><td></td><td></td></tr>
<tr><td>训练方法</td><td></td><td></td><td></td></tr>
<tr><td>质量考核</td><td></td><td></td><td></td></tr>
<tr><td>安全考核</td><td></td><td></td><td></td></tr>
<tr><td colspan="4"></td></tr>
<tr><td>学习小组评价</td><td colspan="4">团队合作□　动手操作能力□　信息获取能力□　交流沟通能力□
（根据完成任务情况填写：A 优秀；B 良好；C 合格；D 有待改进）</td></tr>
<tr><td>教师评价</td><td colspan="4"></td></tr>
</table>

学习活动三　常见故障查找

（一）常见故障查找顺序

本节对 ATP 控制设备发生常见故障时的处理进行以下说明，故障查找实施以下顺序：

（1）记录发生的时间等。

（2）记录发生故障时的状况。

(3)记录 DMI 故障信息。此时，在发生故障的情况下，请不要切断 ATP 控制设备电源进行实施。

(4)记录模块 LED 显示状态。此时，在发生故障的情况下，不要切断 ATP 控制设备电源进行实施。

(5)再次打开 ATP 控制设备电源，确认是否已经恢复。

(6)ALA 主系故障或 ALA 备系故障的时候，更换相应的模块，并确认是否已经恢复。

(7)根据 DUMP 故障信息、模块 LED 指示灯显示状态、LED 显示信息、其他异常时的状况确认故障部件，排除故障。此时的处理请按照以下顺序进行：

①确认电缆的连接状态。

②DMI、BTM 有问题的情况下，通过断路器 PDU 单元的空气开关切换到另一系的 BTM 与 DMI。

③更换模块。

④更换单元等其他的设备。

(8)更换设备的时候，记录更换品的型号、制造编号，异常排除不了时请与设备厂家联系，并请同时提供故障记录。

(二)故障查看

使用 D360 下载 DUMP 数据后，需要查看数据来判断故障位置。使用 300S 数据分析软件分析数据。以 ALM 板为例，查看 ALM 的 DUMP 数据，选择 DUMP 数据所在文件夹 (DUMP 文件中 * _N_uA. mem/ * _N_uB. mem 为主系记录的 DUMP 数据文件，* _R_uA. mem/ * _R_uB. mem 为备系记录的 DUMP 数据文件)，如图 3-2-11 所示。

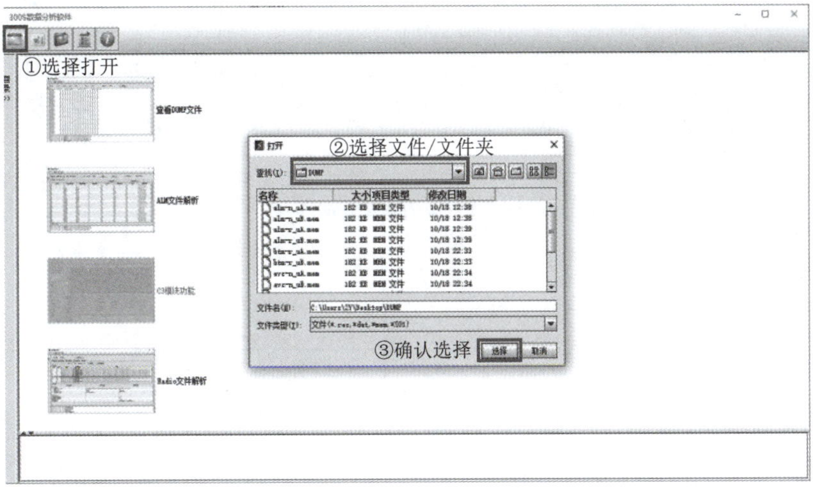

图 3-2-11 选择数据所在文件夹

在左侧目录中选择 ALM 模块，在右侧主界面上方"版本"下拉菜单中选择 ATP 版本 (由每列车 ATP 实际版本决定)，选择查询主系数据/备系数据，单击"查询"按钮，如图 3-2-12 所示。

查看其中的 NVRAM 变量，即 ALM 记录的故障代码页。"宕机索引"表示该模块共发生宕机次数，与主页面表格中"索引"对应。主页面中可以显示模块"总运营时间"(单位为 s)、模块"故障时间戳"(单位为 ms)及故障代码。鼠标悬停在以上变量时有小窗口可显示具体内容。

ALM 模块的 Dump 数据可以确定其具体发生故障的时间，分别记录故障发生的年、月、日、时、分、秒选择模块步骤，如图 3-2-13 所示。

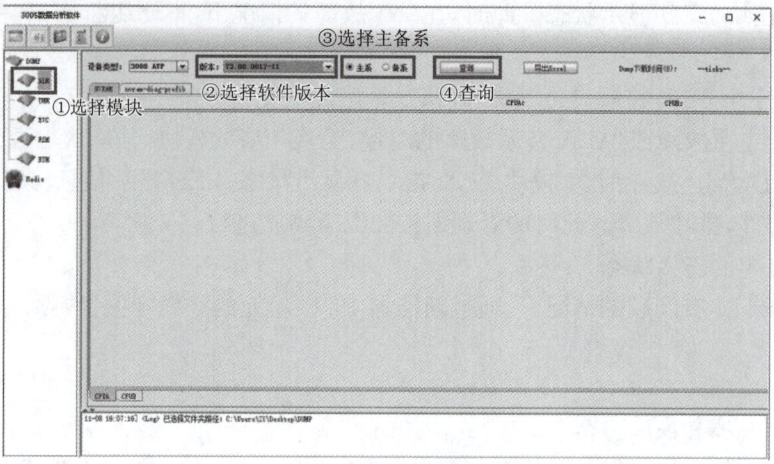

图 3-2-12　选择模块步骤

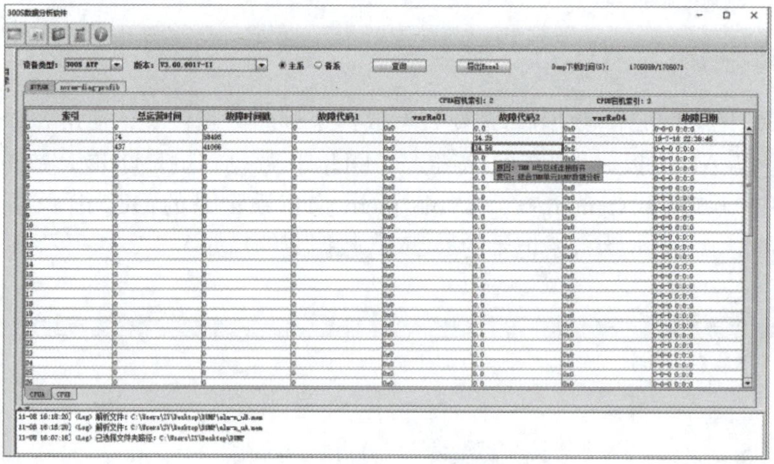

图 3-2-13　故障数据页

【活动评价】

<table>
<tr><td colspan="2">项目名称</td><td></td><td>任务名称</td><td></td></tr>
<tr><td colspan="2">小组成员</td><td></td><td>综合评分</td><td></td></tr>
<tr><td rowspan="5">学生自评</td><td colspan="4">理论任务完成情况</td></tr>
<tr><td>序号</td><td>知识考核点</td><td>自评意见</td><td>自评结果</td></tr>
<tr><td>1</td><td></td><td></td><td></td></tr>
<tr><td>2</td><td></td><td></td><td></td></tr>
<tr><td>3</td><td></td><td></td><td></td></tr>
</table>

<table>
<tr><td rowspan="6">学生自评</td><td colspan="4">训练任务完成情况</td></tr>
<tr><td>项目</td><td>内容</td><td>评价标准</td><td>自评结果</td></tr>
<tr><td>训练准备</td><td></td><td></td><td></td></tr>
<tr><td>训练方法</td><td></td><td></td><td></td></tr>
<tr><td>质量考核</td><td></td><td></td><td></td></tr>
<tr><td>安全考核</td><td></td><td></td><td></td></tr>
<tr><td>学习小组评价</td><td colspan="4">团队合作□　动手操作能力□　信息获取能力□　交流沟通能力□
(根据完成任务情况填写:A 优秀;B 良好;C 合格;D 有待改进)</td></tr>
<tr><td>教师评价</td><td colspan="4"></td></tr>
</table>

【任务关联知识】——CTCS3-300S 型车载设备构成

(一)列控系统车载设备构成

CTCS3-300S 型车载设备的外部构成如图 3-2-14 所示。

1. ATP 控制设备主体

ATP 控制设备主体包括 ALA 单元、TIU 单元、BTM 单元、PDU 单元、PWU 单元、GSM-R 单元、JRU 单元,安装时还需要将 ATP 控制设备主体连接到以下设备上。

2. 车体操作盘

车体操作盘将信号(牵引、制动、零位、向前、向后)的信号传递给 ATP 控制设备。

3. DMI

DMI 实现人机交互。

4. 速度传感器

速度传感器将车轮的旋转速率转换为速度脉冲(速度信号),传给 ATP 控制设备。

5. BTM 天线

BTM 天线将从地面应答器接收到的应答器信号传给 ATP 控制设备。

CR400AF 车型:ASTS BTM 天线距轨面(230±5) mm ,自主 BTM 距轨面(237±5) mm;CR400BF 车型:自主 BTM 距轨面(235±10) mm。

6. TCR 天线

TCR 天线将轨道电路信号传给 ATP 控制设备。

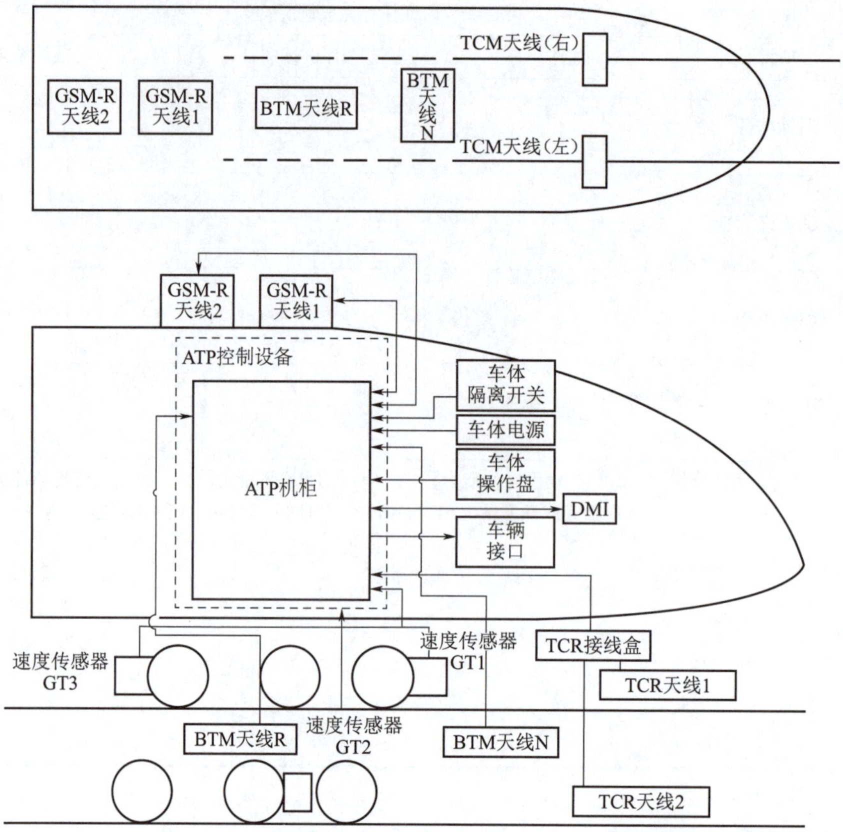

图 3-2-14 CTCS3-300S 型车载设备的外部构成示意

CR400AF 车型:TCR 天线距轨面高度为(210±10) mm(含天线保护套);CR400BF 车型:TCR 天线距轨面高度为(155±10) mm(含天线保护套)。

7. GSM-R 天线

GSM-R 天线与 RBC 进行信息交互。

8. 司机室 ATP 相关断路器及选择开关

CR400AF 型动车组司机室 ATP 空开及选择开关位置如图 3-2-15 所示。

CR400BF 型动车组司机室 ATP 空开及选择开关位置如图 3-2-16 所示。

(二)ATP 车载设备内部构成

CTCS3-300S 型车载设备具有多种控制模式,能够接收轨道电路信息、点式传输信息,接收 GSM-R 网络信息。系统主要包括 ATP 逻辑设备单元(ALA 单元)、记录单元(JRU 单元)、继电器单元(TIU 单元)、点式信息接收单元(BTM 单元)、无线接收单元(GSM-R 单元)电源供电单元(PWU 单元),电源管理分配单元(PDU 单元)。CTCS3-300S 型车载设备内部构成如图 3-2-17 所示。

1. ALA 单元

ALA 单元是 ATP 系统的核心控制单元。该单元完成的主要功能如下:

(1)采集并管理列车信号。

(2)接收并管理轨道电路信息和应答器信息。

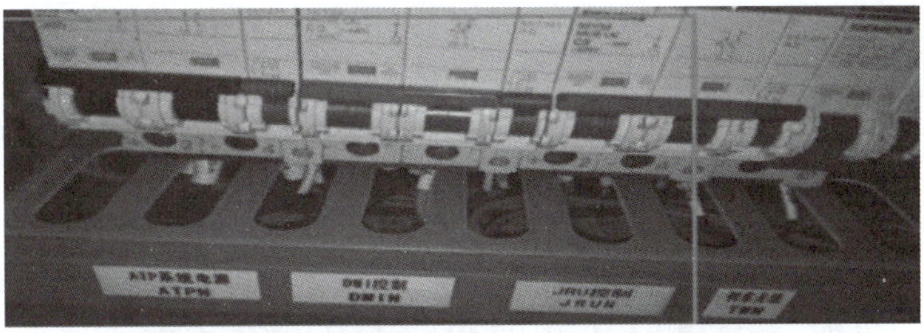

（a）ATP 系统电源、DMI 控制及 JRU 断路器位置

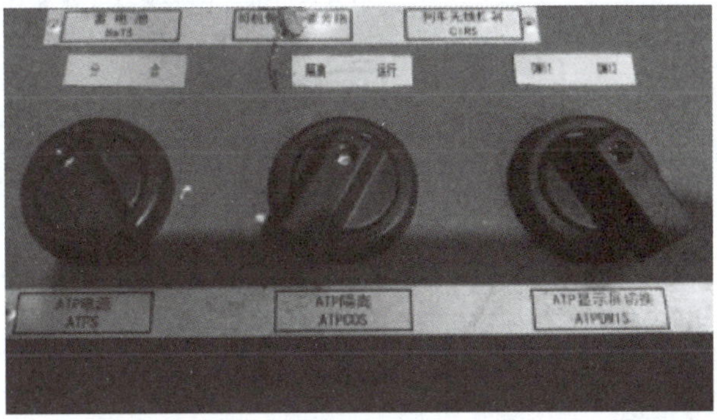

（b）ATP 电源、ATP 隔离、ATP 显示屏切换开关位置

图 3-2-15　司机室 ATP 空开及选择开关位置（CR400AF 型动车组）

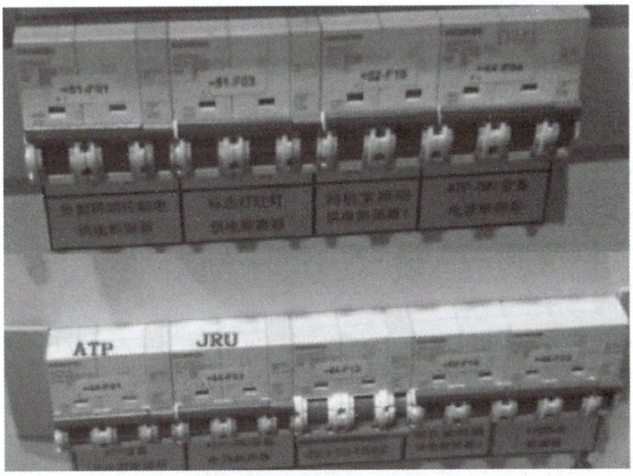

（a）ATP 系统电源、DMI 控制及 JRU 断路器位置

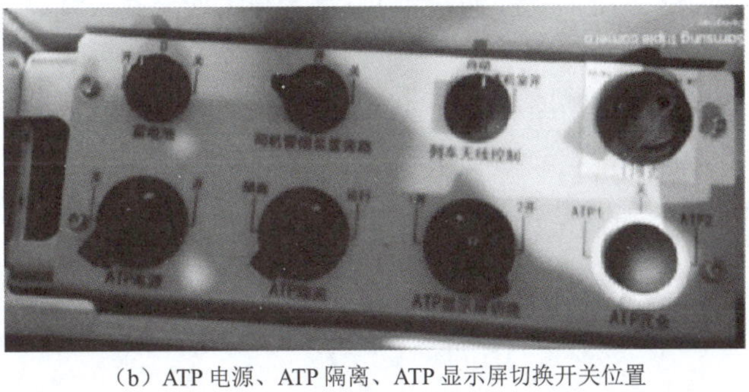

（b）ATP 电源、ATP 隔离、ATP 显示屏切换开关位置

图 3-2-16　司机室 ATP 空开及选择开关位置（CR400BF 型动车组）

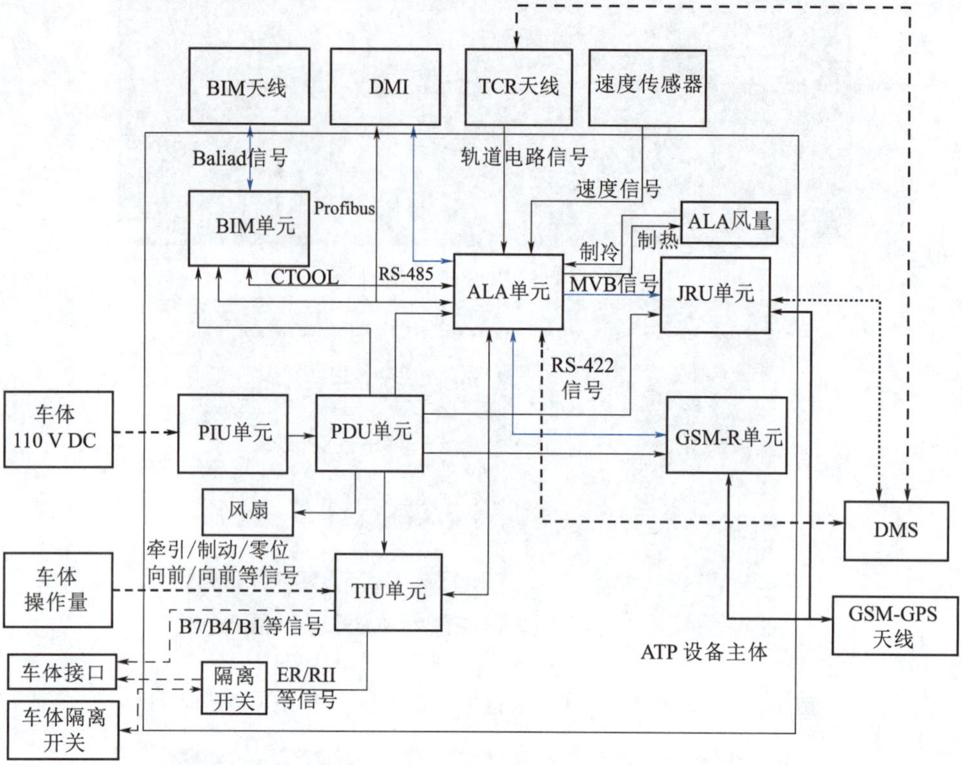

图 3-2-17　CTCS3-300S 型车载设备内部构成示意

(3)对 GSM-R 电台进行管理。

(4)执行 CTCS-3/CTCS-2 逻辑。

2. JRU 单元

JRU 单元是 ATP 系统的数据记录单元。

3. TIU 单元

TIU 单元为继电器逻辑单元,该单元负责采集车辆侧的信号,输出 ATP 的指令。

4. BTM 单元

BTM 单元用于解码 BTM 天线接收到的应答器信号,将报文传送给 ALA 单元。

5. GSM-R 单元

GSM-R 单元是 ATP 系统的无线通信单元,负责与无线闭塞系统(RBC)信息交互。

6. PDU 单元

PDU 单元是 ATP 系统的断路器单元,控制系统各个单元电源分配。

7. PWU 单元

PWU 单元是 ATP 系统的电源单元,将车辆 110 V 直流电源转化为 24 V 的直流车载设备电源。

【任务评价】

<table>
<tr><td colspan="2">项目名称</td><td></td><td>任务名称</td><td></td></tr>
<tr><td colspan="2">小组成员</td><td></td><td>综合评分</td><td></td></tr>
<tr><td rowspan="4">学生自评</td><td colspan="4">理论任务完成情况</td></tr>
<tr><td>序号</td><td>知识考核点</td><td>自评意见</td><td>自评结果</td></tr>
<tr><td>1</td><td>列控车载设备构成</td><td></td><td></td></tr>
<tr><td>2</td><td>ATP 设备构成</td><td></td><td></td></tr>
<tr><td>学习小组评价</td><td colspan="4">团队合作□　　动手操作能力□　　信息获取能力□　　交流沟通能力□
（根据完成任务情况填写：A 优秀；B 良好；C 合格；D 有待改进）</td></tr>
<tr><td>教师评价</td><td colspan="4"></td></tr>
</table>

【练习与思考】

1. 简单复述 CTCS3-300S 型车载设备故障的查找顺序。

2. 课后拓展：查找相关资料，掌握其他类型的 CTCS-3 列控系统车载设备的使用操作方法和故障查找顺序。

参考文献

［1］ 李凯．高速铁路列车运营控制技术：CTCS-2 级列车运行控制系统[M]. 北京：中国铁道出版社，2017.

［2］ 中国铁路总公司．高速铁路管理人员和专业技术人员培训教材：CTCS-3 级列车运行控制系统[M]. 北京：中国铁道出版社，2013.

［3］ 中国铁路总公司．高速铁路列车运行控制系统[M]. 北京：中国铁道出版社有限公司，2021.

［4］ 刘伯鸿．列车运行控制系统[M]. 北京：中国铁道出版社，2018.

［5］ 张铁增，林瑜筠．列车运行控制系统[M]. 3 版．北京：中国铁道出版社有限公司，2020.

［6］ 中国铁路总公司．铁路技术管理规程(普速铁路部分)[S]. 北京：中国铁道出版社，2014.

［7］ 中国铁路总公司．铁路技术管理规程(高速铁路部分)[S]. 北京：中国铁道出版社，2014.

［8］ 林瑜筠．高速铁路信号技术[M]. 北京：中国铁道出版社，2012.

［9］ 中华人民共和国铁道部．高速铁路岗位培训教材：高速铁路现场信号设备维修岗位[M]. 北京：中国铁道出版社，2012.

［10］ 铁道部劳动和卫生司，铁道部运输局．动车组列控车载信号设备维修岗位[M]. 北京：中国铁道出版社，2012.